深い学びで思考力をのばす

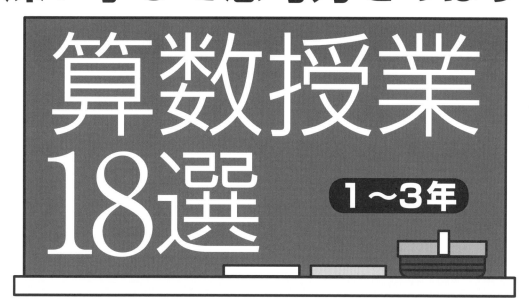

算数授業18選　1〜3年

指導案・ワークシート付き　　　滝井 章 著

日本標準

はじめに

「算数できなくても困らない。かけ算なんてできなくても困ったことないもん」

「三角形の面積の求め方，わからないと困るやろ」

「いつ，どこで困るんですか。使うことなんか，ないじゃないですか」

「そういえばそうやなあ……」

あるバラエティー番組での某有名お笑いMCと若手ひな壇芸人とのやりとりである。

ある意味もっともな話である。スーパーでもコンビニでも会計はバーコード。求積公式など覚えていなくてもスマホがあれば何でも解決できる。もちろん計算もスマホでOK。次期学習指導要領では，算数での学びを日常生活に関連づけることや，日常生活で生かすことをキーワードとして挙げているが，現実生活で算数の知識，技能の必要性を感じる場面はきわめて少ない。

それでは，何のために算数の勉強をし，算数授業を通してどのような力を育てるのだろうか。算数で育てる「見方，考え方」とはいったい何なのだろうか。ここを先生方お一人お一人がしっかりもっていないと，「アクティブラーニングっていったい何？」「主体的な学びって何？」「対話的な学びって何？」「深い学びって何？」など，言葉に振り回されることになる。ナンセンスのきわみである。

「主体的な学び」「対話的な学び」「深い学び」にあたる指導は，公立小学校現場に立つ先生方のなかでは何十年も前から地道に取り組まれてきた。いかに子どもたちの生き生きと学ぶ姿を引き出すか，話し合い考え合いをうまく展開し「わかった」という声を引き出すか，「なるほど」「だからなんだ」「ひょっとしたら……かも」という声を引き出すか，そして算数授業を通して社会に出てから子どもたちの支えとなるどのような力をつけるか。公立小学校の先生方は地道にずっと追究してきている。筆者もその1人である。

本書で扱うオープンエンドの問題を扱った算数授業は，その追究の中できわめて有効性を実感できた実践であった。オープンエンドの問題を扱った算数授業では，学力の差に関係なくどの子も目を輝かせ，生き生きと主体的に学習に取り組み，自然と話し合い考え合いが生まれ，「わかった」「だからなんだ」「ひょっとしたら」という声が生まれる。まさしく「主体的な学び」「対話的な学び」「深い学び」といえよう。

また，オープンエンドの問題を扱う算数授業は，人間形成，学級経営にも有効である。

本書では，第1章でオープンエンドの問題を扱う授業の目的や有効性，第2章で各学年に対応した実践例を紹介し，それぞれにおいてオープンエンドの問題の解説，授業の展開の仕方，授業のなかで「主体的な学び」「対話的な学び」「深い学び」を引き出すポイント，授業で使えるワークシート，さらに研究授業などで使える学習指導案も掲載している。本書が，子ども主体の授業，そして子どもの将来を見据えた授業を展開しようとする全国の公立小学校の先生方のお役に少しでも立てれば嬉しい限りである。

なお，本書の発刊においては，日本標準企画編集部の皆様に多大なご協力をいただいたことを感謝する。

2018年8月

都留文科大学教養学部学校教育学科特任教授　　　滝井　章

目　　次

はじめに ……………………………………………………………………………… 3

第1章　主体的な学び・対話的な学び・深い学びを実現するには？

1．「主体的な学び」「対話的な学び」「深い学び」とオープンエンドの問題 … 8
2．「オープンエンドの問題」とは …………………………………………… 9
3．オープンエンドの問題を通して育てる「見方，考え方」……………… 10
4．オープンエンドの授業と，PISA でも取り組まれはじめた
　　「協同問題解決能力」………………………………………………………… 11
5．オープンエンドの授業で，いじめなどのない学級づくりを ………… 11
6．オープンエンドの問題を扱った授業を展開するコツ ………………… 13
7．授業参観には，オープンエンドの問題を扱った授業を ……………… 16
8．校内研究でもオープンエンドの問題を扱った授業を ………………… 17

第2章　主体的な学び・対話的な学び・深い学びの授業ができる実践例

1年

1．答えが 12 になるたし算は？ ……………………………………………… 20
2．答えが 7 になるひき算は？ ……………………………………………… 26
3．どこにあるかな？ …………………………………………………………… 32
4．たし算の問題をつくろう …………………………………………………… 38
5．ひき算の問題をつくろう …………………………………………………… 44
6．お話をつくろう ……………………………………………………………… 50

2年

1. 入っているお金は？① ……………………………………………… 56
2. 答えが 24 になる九九は？ ……………………………………… 62
3. いくつあるかな？ ………………………………………………… 68
4. いろいろな形をつくろう ………………………………………… 74
5. どんな図形ができるかな？ ……………………………………… 80
6. どれが大きいかな？ ……………………………………………… 86

3年

1. 玉はどこに当たったかな？ ……………………………………… 92
2. 二等辺三角形をつくろう ………………………………………… 98
3. 入っているお金は？② …………………………………………… 104
4. 14 個のあんパンを 4 人で分けると？ ………………………… 110
5. 3 つのおもりで量れる重さは？ ………………………………… 116
6. 魔方陣をつくろう ………………………………………………… 122

カバーイラスト　株式会社 コッフェル
本文イラスト　　中浜 かおり

第1章

主体的な学び・対話的な学び・深い学びを
実現するには？

1. 「主体的な学び」「対話的な学び」「深い学び」とオープンエンドの問題

　新学習指導要領総則では，「主体的な学び」「対話的な学び」そして「深い学び」が重要視されています。しかしこれらの学びが重要なことは以前からも言われていることです。肝心なことは，どうすれば「主体的な学び」「対話的な学び」そして「深い学び」が実現できるかです。教科書を開きながら一問一問教師が発問し解決させていく授業，問題の解き方を教えることを目的とした授業では「主体的な学び」「対話的な学び」そして「深い学び」の実現は難しいといえます。そこで注目されるのが，解が多様に存在するオープンエンドの問題を扱った授業です。解が多様に存在するオープンエンドの問題を扱った授業では，「主体的な学び」「対話的な学び」そして「深い学び」が実現でき，社会で求められる力，人間形成，そして学級づくりまでもが大いに期待できます。

　まず「**主体的な学び**」です。オープンエンドの問題には考え方だけではなく答え自体も多様に存在するため，子どもは「ほかにもあるかもしれない。もっと見つけたい。もっと見つけよう」という思いをもちます。これらの思いが自然発生するため，**主体的な学び**が実現できます。

　次に「**対話的な学び**」です。いろいろな答えを見つけた子どもは，それを友だちに説明したいという思いをもちます。また，自分では考えつかなかったほかの答えも知りたいという思いをもちます。そしてもっとほかにも答えがあるかもしれないと考え合おうとする思いをもちます。これらの思いが自然発生するため，**対話的な学び**が実現できます。

　最後に「**深い学び**」です。いろいろな答えが発表されたあと，子どもはそれらの答えから共通していえることなどを考えようとする思いや，もっとほかの答えを見つけようとする思いや，場面や数値が変わったらどうなるかを調べてみたいという思いをもちます。これらの思いが自然発生するため，**深い学び**が実現できます。

　このように，オープンエンドの問題を扱った授業は，まさしく「**アクティブ・ラーニング**」を構成する「**主体的な学び**」「**対話的な学び**」そして「**深い学び**」が自然発生する授業といえます。

2.「オープンエンドの問題」とは

　「オープンエンドの問題」とは，答えが1つに限定されずに複数想定できる問題のことをいいます。そして，オープンエンドの問題をもとに，そこから生まれたさまざまな考え方を生かして展開する授業を「オープンエンドの問題を扱った授業」といいます。たとえば，次のような問題で考えてみましょう。2年生の「1000より大きい数」の授業で扱うオープンエンドの問題です。

　ちょ金ばこをあけると，中に3450円入っていました。

　千円さつ，百円玉，十円玉だけが入っていたそうです。

　どのお金が何まいずつ入っていたでしょうか。いろいろ考えてみましょう。

　一般的には答えは次のようになります。

「千円札が3枚，百円玉が4枚，十円玉が5枚です」

　しかし，視野を広げると，これ以外にも実に多くの答えが存在することに気づきます。

「千円札が2枚，百円玉が14枚，十円玉が5枚です」

「千円札が3枚，百円玉が3枚，十円玉が15枚です」

「千円札が1枚，百円玉が24枚，十円玉が5枚です」

「千円札が0枚，百円玉が34枚，十円玉が5枚です」

　このように何通りもの答えが存在します。それだけに，子どもたちはいくつも存在する答えを1つでも多く見つけようと一生懸命になるでしょうし，自分の力だけでは考えつかなかった答えとの出会いを求めて友だちの発表に一生懸命に耳を傾けることでしょう。そこに自然な形でかつ本来の姿としての"学び"が発生します。自然な本来の"学び"を通して見つけたものの見方，考え方などは，生涯にわたって子どもたち一人ひとりを支える源となります。

3．オープンエンドの問題を通して育てる「見方，考え方」

　新学習指導要領では，「見方，考え方」を育てるという視点が重視されています。学習内容ごとの知識・技能面の目標は学習指導要領・算数編に明記されています。問題は，『今』ではなく子どもたちの『将来』のために算数授業を通して育てる「見方，考え方」です。

　ここで，オープンエンドの問題を扱った授業を通して育成できる，社会に出てからも子どもたち一人ひとりの支えとなる「見方，考え方」について，主なものを挙げてみましょう。

見方，考え方の内容例	社会に出たときや日常生活でいかに生きるか
柔軟に多様に考える力	物事を一面だけでとらえず多面的にとらえることで，シミュレーションができる。 相手の立場に立って考えることができる。
自分の考えをもち，表現する力	人の意見，社会の風潮に流されず，しっかりと先を，足元を見据えたうえで行動ができる。 自分の考えが相手にわかるように伝えるために，筋道立てて説明するプレゼン力となる。
自分と異なる考えを理解し，認める力	自分の立場や主張に固執せず，相手の主張，立場を理解し，認め，尊重するなかで良好な関係を構築し，プロジェクトを進める力となる。
考え合い，自分を高めようとする力	1人で狭い視野のなかで考えて終結させるのではなく，チームで考え合い，そのなかで自分自身の力量も高めていこうとする力となる。国際社会で求められている「協同問題解決能力」となる。
発展的に考える力	目の前の問題だけしか見ないのではなく，将来を自ら見据え，いかにより高度なレベルまで高めていくかという発展的に考える力となる。
さまざまな解を関係づけて考える力	一つひとつの事象を点として別個にとらえるのではなく，原因や因果関係を考えることにより，点と点を線で結んで考え，将来の予測にも生かせる力となる。
きまりなどを見いだす力	いくつかのデータから関係性，法則のようなものを見いだし，その根拠を明確にしたうえで，それを有効に活用する力となる。

4．オープンエンドの授業と，PISAでも取り組まれはじめた「協同問題解決能力」

　OECD生徒の学習到達度調査（PISA）において「**協同問題解決能力**」がはじめて調査対象となりました。遅かったくらいです。社会では1人だけで考えることはまずありません。チームで知恵を出し合い喧々諤々しながら，そして試行錯誤を繰り返しながらつくり上げていく力が求められます。思考力，表現力，コミュニケーション力は，その原動力の1つです。よく言われる「算数の授業とは，個人解決に時間をかけ，その発表を数人が行い，どれが"はやい"，"かくじつ"，"せいかく"，"どんなときでも"の『はかせどん』かを追究するもの」という授業ではなく，すべての子どもが主役で，チームで話し合い考え合い問題を解決していく授業を通して「**協同問題解決能力**」を育てていくことが，国際社会でも求められています。この「**協同問題解決能力**」を育てるのに，答えが多様に想定できるオープンエンドの問題を扱った授業は有効です。お互いに考えついたいろいろな答えを発表し合うなかで，どんな答えがあるか，ほかには答えはないだろうか，それを見つけるにはどう考えればよいかなどの話し合い，考え合いが自然発生します。この自然発生が実となり「**協同問題解決能力**」となり，すべての子ども一人ひとりの将来において子どもたちを支えることになります。目の前の点数化できる学力だけではなく，将来に役立つ学力，国際的にも求められる学力をつけることを目指しているのが，オープンエンドの問題を扱った授業なのです。

5．オープンエンドの授業で，いじめなどのない学級づくりを

　オープンエンドの授業は，算数の授業という枠を超えた次元で，そのよさが現れます。

(1) "やる気"満々の子どもたちが育ち，活気あるクラスがつくれます！

　低学年，特に1年生から2年生の前半の場合，高学年ほどの個人差は見られませんが，感覚の鋭さという面での個人差が見られます。じっくり待ってあげなければいけない子，すぐにパッとひらめいてどんどん進みたがる子が一緒の教室で，ともに学ぶ権利をもち，共存しているのが公立小学校です。そのすべての子どもが満足する授業が求められます。

　オープンエンドの授業では，より多くの子どもを満足させることができます。

　オープンエンドの問題は，いろいろな答えがあります。低学年の子どもにとって，いろいろな答えが見つかることは，楽しいことです。どんどん見つけようと，より主体的に学

習に取り組みます。また苦手な子どもにとっても，まわりの友だちがどんどん見つけていく姿に刺激され，見つけようという主体性が芽生えます。このように，いろいろな個が，それぞれにあった主体性を発揮して学びの追求をしようとする"意欲的な態度"を培うことができます。

　また，本書で扱うオープンエンドの問題は，既習の学習内容の活用や操作活動を通して誰でも１つは答えが見つけられるようにつくられています。したがって，「どうせ考えたってわからない」という消極的な態度が身についている算数が苦手な子どもも，「ぼくにも答えが見つけられた」と自信がもてます。この自信の積み重ねが，"意欲的な態度"を培っていきます。

（2）"差別意識"のない，いじめのないクラスがつくれます！

　低学年では，まだ自分と異なる考えや人を認めるという意識がもてていない子どもが多く見られます。そのため，自分と異なる考えに対して否定したり攻撃したりする姿が見られます。この姿が，高学年になると学級崩壊，いじめへとつながっていく場合が多々あります。

　オープンエンドの問題を扱った授業では，いろいろと思いつく答えをどんどん見つけていくため，自分と異なる考えを否定するという気持ちが生まれません。そして「まだあるんだ」と人を認め，人から学ぶ気持ちも芽生えます。この経験が，人を認めるという心を育て，高学年になっても学級崩壊，いじめがないクラスづくりへとつなげることができます。

　オープンエンドの問題を扱った授業で，差別意識を一掃し，学級崩壊の芽を未然に摘み取り，いじめのない学級づくりが全国の小学校に広まることを期待しています。

（3）『他人事』ではなく『自分事』ととらえる豊かな心が満ちあふれたクラスがつくれます！

　オープンエンドの問題には多様な答えが存在します。それだけに，自分が考えた以外の答えと出会います。その出会いのもたせ方がポイントとなります。単に，考えた子どもに発表させ，ほかの子は発表を聞くだけで「なるほど。わかりました」という出会いでは，自分では考えつかなかった答えを「聞いて知る」ことはできますが，「どう考えたのかを考える」というレベルまで求めることは難しいです。しかし，出会いのもたせ方を工夫すると，自分では考えつかなかった考え方との出会いを，「どう考えたのかを考える」という人の考えや思いなどを『他人事』ではなく『自分事』としてとらえる豊かな心の育成まで高めることができます。

　たとえば，本書に掲載している３年生の「あまりのあるわり算」における「14個のあんパンを４人で分けると？」で，残った２個をそのままあまりにする分け方しか考えつかな

かった子どもがいたとします。その授業において，個人解決のあとの全体発表で，発表する子に考え方，答えのすべてを書いたホワイトボードや画用紙などをもとに発表させると，聞いている子はただ聞いているだけで「なるほど。わかりました」となってしまいます。そうではなく，「3個半」という答えだけを発表させたり，○を14個並べた図をかいて，端から1個ずつ4人で分けていったあと，残った2個にもチョークで線をひこうとするところでストップをかけ，「残った2個に何をしようとしていると思いますか。隣どうしで考え合ってみましょう」と投げかけることにより，どう考えたのか，どんな答えを見つけたのかを考えさせるのです。

このように，答えが多様にあるオープンエンドの問題を扱った授業では，全体発表のもち方を工夫するだけで，単にほかの子が見つけた答え，考え方を知るだけで終えるのではなく，「どう考えたのかを考える」という人の考えや思いなどを『他人事』ではなく『自分事』としてとらえる豊かな心を育てることができます。

6. オープンエンドの問題を扱った授業を展開するコツ

さまざまな答えをもつオープンエンドの問題を設定しても，子どもたちがすぐにいろいろな答えを見つけようとするとは限りません。また，いろいろな答えを考え出すだけでは，子どもたちに学びの満足感を提供できるとはいえません。

そこで，オープンエンドの問題を扱った授業を成功させるためのポイントを，5つの視点から解説しましょう。

(1) オープン性を感じ取らせる問題提示のコツ

「この問題の答えは，どうやら1つではなさそうだぞ！」

オープンエンドの問題を扱った授業では，この思いをもたせることが重要となります。そのために，低学年ではあえて，問題の理解の共有化も含めて全員で答えを見つけさせます。そのうえで「ほかにも答えがあるかもしれませんよ」と発言し，追求意欲をもたせます。そのあとのいろいろな答えを見つける活動は，まさしく主体的な学びとなります。子どもたちは目を輝かせていろいろな答え探しの旅を楽しむことになります。

(2) いろいろな答えを自ら見つけようという思いをもたせるコツ

問題把握の段階で，さまざまな答えが存在しそうだ，というイメージをもたせることが

できても，問題の切り口までさまざまに存在しそうだというイメージはなかなかもてない
ものです。

　そこで，個人解決の段階での教師の役割が重要になります。低学年のクラスでしたら，「答
えはいろいろあるよ」と言うことも有効な手立てです。そのうえで，個人解決の段階で，
机間指導しながら，子どもが本来もつ知的好奇心をくすぐるようなつぶやきをすることも
有効となります。

　「Bさんの答えはAさんとはまた違っているね。両方とも正解だよ。いろいろあるんだね」
　「Cさんは，Dさんとまた違った見方をしているんだね」

　きっと，子どもたちは，それまでよりさらに広い視野から問題をとらえようとするはず
です。

（3）発表のさせ方のコツ

　オープンエンドの問題では，たどりついた答えがどれも平等に価値づけられます。そこで，
まず1人でも多くの子どもに発表の機会を与え，自信をつける，そして意欲をもつきっか
けとしてあげましょう。

　特に低学年の子どもの場合，とにかく自分が見つけた答えを発表したがります。それだ
けに発表の時間をより多めに確保しておくことが重要です。また，グループ内での発表の
場を設けることも有効な手立てといえましょう。とにかく発表させてあげる，これが自己
有用感をもたせることにもつながり，人を認める心，何事にも意欲的に取り組む主体性の
育成につながるに違いありません。算数の授業を通しての人間育成，学級づくりのポイン
トといえます。

（4）オープンエンドの問題を扱った授業での“発表・話し合い”の仕方のコツ

　「算数の授業では，効率よく考える力，そして“よさ”を追求することがねらいである」
と考える先生が多くいます。そのような先生の授業では，さまざまな考え方が想定できる
授業を展開したとき，それらを発表させたあとにこんな質問をしがちになります。

　「どの考え方がもっともよいでしょう」

　しかし，自分が考えたのではない考え方の発表を聞いたばかりの子どもの側に立って考
えてみてください。低学年といえば聞いた内容を理解するのも難しい時期です。そのうえ，
発表を聞いただけでどの考え方がベストかなど判断できるでしょうか。もちろん，せっか
く考え出した子どもの立場，そして心を考えたら，「どの考えが1番よいでしょう」などと
問いかけることなどできないでしょう。現場に立つ教員にとっては，子どもが第一です。
発表した子ども，聞いている子どもの心が傷ついたり理解できずに悩んだりする事態は避

けなければなりません。子どもの立場，心を大切にする教師なら，まずは結果を焦らないことです。

オープンエンドの問題を扱った授業では，さまざまな解が認められます。そのうえ，認められた解に優劣をつけず，どの考え方も平等によさを認めることができます。ここが，オープンエンドの問題を扱った授業のよいところです。どの解がベストかではなく，どのような考え方から生まれたかを考え合うことが重要なのです。だから，オープンエンドの問題を扱った授業では，心も育ち，よりよい学級ができあがっていくのです。

（5）オープンエンドの問題を扱った授業での "まとめ" の仕方のコツ

いろいろな解が存在するオープンエンドの問題。確かにさまざまな答えを考えるのは楽しそうですし，授業も楽しくなります。

しかし，オープンエンドの問題を扱う授業に取り組もうとする先生からは，次のような声がよく寄せられます。

「オープンエンドの問題ですから，いろいろな答えが発表されます。しかし，発表されたさまざまな答えをどう扱えばよいのでしょう」

どうやら，まとめの仕方に不安を感じる先生が多いようです。確かに，いろいろな答えを発表させたあと，それらをどのようにまとめるかは大きな問題です。不安を感じるのも当然かもしれません。

まとめの仕方には，大きく分けて2つの方法があります。

1つは，まとめをしないで，いろいろな考え方，答えを発表して終わりとする方法です。低学年におけるオープンエンドの問題を扱った授業では，このまとめ方が多く見られます。オープンエンドの問題を扱う授業のねらいは，次のような主体的な学び，深い学びですので，このまとめ方は自然なのです。

「さまざまな観点から問題をとらえる広い視野がもてるようにする」

「1通りの考え方や答えに満足せず，さまざまな考え方や答えを求めようとする主体性をもてるようにする」

まとめをすると，集約された考え方や答えの印象が強くなりすぎ，本来のオープンエンドの授業としてのねらいがぼやけてしまいがちです。授業の最後に先生がまとめをしなければいけないという固定観念をもつことは考えものです。

もう1つは，発表されたさまざまな考え方や答えを，子どもたちが予想できなかったように関連づけてみせるまとめです。このような考え方や答えを関連づけてみせるまとめ方は，高学年での授業でよく見られますが，題材やねらいによっては低学年でもできます。本書に掲載している3年生の「玉はどこに当たったかな？」の授業などは，そのよい例です。

いずれにせよ，オープンエンドの問題を扱った授業では，まとめにあまり力を入れない

ようにしましょう。大切なのは，いろいろな考え方や答えを見つける楽しさを，子どもたちが味わえることなのですから……。

7．授業参観には，オープンエンドの問題を扱った授業を

　授業参観の前日の職員室。何とも重苦しい雰囲気に包まれているものです。それほど，授業参観は，先生方の悩みの１つに挙げられています。そんな苦手意識を，オープンエンドの問題を扱った授業で解消しませんか？

　まず，オープンエンドの問題そのものがおもしろいため，保護者もひきずりこめるというメリットがあります。電車の中吊り広告に問題を掲載し，大人をひきずりこむ戦略でシェアを増やしている大手進学塾をご存知の方も多いでしょう。保護者からの信頼を得るには，保護者をひきずりこむ問題を設定することが１番です。参観している大人に「退屈だなあ！　つまらないなあ！」と感じさせては，子どもだって同じ思いをもつことでしょう。

　逆に，「おもしろい！　楽しい！」「こんな楽しい授業，自分が子どもの頃には受けたことはなかった。今の子どもたちは幸せだなあ！」と思わせれば，子どもの前で先生を誉めるに違いありません。保護者に信頼されれば，あなたの学級経営は心配ありません。

　保護者が今まで参観した算数の授業は，わかりきったような問題の解決にだらだら取り組み，授業の最後に先生からの「わかりましたか？」という投げかけに，声を揃えて「はーい！」と応える退屈きわまりないものもあったに違いありません。だからこそチャンスなのです。教室の入り口に鉛筆とプリントを用意しておき，保護者にも子どもたちといっしょに考えてもらいましょう。子どもに負けまいと必死に考えることでしょう。そして子どもと同じように授業の主人公となった保護者は，自分の子ども以外の子の発表にも聞き入ることでしょう。家に帰ってからは，参観（参加）した授業の話できっと盛り上がるに違いありません。

　授業参観こそ，保護者からの信頼を獲得するチャンスです。「楽しい授業」「安心できる信頼感あふれる教室」を保護者にアピールし，信頼を獲得するためにも，授業参観，学校公開でオープンエンドの問題を扱った授業に取り組むことをお薦めします。

8．校内研究でもオープンエンドの問題を扱った授業を

　今回の学習指導要領の改訂では，「主体的な学び」「対話的な学び」「深い学び」という新しい用語が飛び交っているため，校内研究がこれらの用語に振り回される危険性があります。しかし児童主体の自然な授業をしていれば，それが「主体的な学び」「対話的な学び」「深い学び」のある授業になります。教科書を開きながら一問一問教師が発問する授業や，得意な子たち数人が活躍するだけの授業では，「主体的な学び」「対話的な学び」「深い学び」のある授業にはなりません。

　しかし，自然と「主体的な学び」「対話的な学び」「深い学び」が実現できるオープンエンドの問題を扱った授業に取り組んでみると，教科書にある学習内容についても，問題提示の仕方，発問の仕方や内容，話し合いを入れるタイミング，教師の関わり方，まとめなどを工夫する手がかりがつかめ，どの授業でも「主体的な学び」「対話的な学び」「深い学び」が実現できるようになります。

　また，現行学習指導要領でも，教科書にある学習内容をすべての時間でできるように指導したうえで，考える時間を十分に確保し，さらに話し合い，考え合いの時間を確保することは不可能です。単元の中のどこをじっくり考えさせるか，話し合わせ考え合わせるか，どこは教師主導で展開するのかという軽重をつけた指導計画を立てることが不可欠です。オープンエンドの問題を扱った授業に学校全体で取り組むことで，学習内容の中のどこが考える，話し合う，考え合うに適しているかが見えてきます。これを教師1人だけで行うのは大変です。校内で，みんなで話し合い考え合ってつくっていくのが早道です。それこそ国際社会が求める協同問題解決能力の発揮どころです。新しく出された用語に振り回されるのではなく，何のために，どんな力をつけるために，将来どんな人間に育てるために，という原点，王道に立った教育を考え進めるうえでも，校内研究でオープンエンドの問題を扱った授業について校内全体で研究に取り組むことは有効です。

　また，オープンエンドの問題を扱った授業では，公立小学校が直面する「個に応じた指導」についても有効です。オープンエンドの問題は次元の違いに関係なく考え出された答えはどれも等しく認められます。したがって，普段の算数の授業では自力解決がなかなかできずに算数に対して苦手意識をもっている子も何らかの答えを自力で求めることが十分に期待できます。その結果，算数に苦手意識をもっていた子もそれ以降の算数の授業に進んで取り組むようになることが大いに期待できます。また算数が得意な子も，さまざまな答えを見つけることに楽しさを感じます。その結果，算数の授業を退屈に感じていた子もそれ以降の算数の授業に「もっとほかの考え方はないか」など多様に，発展的に取り組むようになることが大いに期待できます。

　以上のように，オープンエンドの問題を扱った授業は，算数に取り組んだ校内研究で想

定できるさまざまな研究テーマの追究に大いに有効と考えられます。もし，あなたの学校の校内研究で算数に取り組むとしたときには，オープンエンドの問題を扱った授業について研究に取り組んでみてはいかがでしょうか。

第2章

主体的な学び・対話的な学び・深い学びの授業ができる実践例

<table>
<tr><td>1_年</td><td>1.「答えが 12 になるたし算は？」</td></tr>
</table>

1_年 ### 1.「答えが 12 になるたし算は？」

実施時期	「繰り上がりのあるたし算」のまとめ

問題	こたえが 12に なる たしざんの しきを 見^みつけましょう。

めあて

主体的な学び 答えが 12 になるたし算の式を多様に見つけようとする。

対話的な学び 答えが 12 になる多様なたし算の式をペアなどで観察し，話し合いを通して，「たされる数」と「たす数」の関係に気づくことができる。

深い学び 答えが 12 になるたし算の式から，3口^{くち}のたし算や，2 位数と 1 位数のたし算の存在に気づくことができる。

1 教材について

(1) たし算の計算処理力を確かなものとすることができる

　計算の習熟をはかる学習では，練習問題をたくさん設定し，ひたすら計算練習させる指導が多いが，「目的意識をもって主体的に取り組む」「何か発見，発展できないかと考える」主体的な学びが見られないという危険性もある。

　そこで，この教材では，答えだけを示し，その答えになるたし算の式を見つけるという逆の問題を設定した。答えにあてはまる式を見つけるという活動は，子どもにとっては斬新なものであり，主体的な学びが期待できる。

　また，繰り上がりのあるたし算の計算の仕方を習得したばかりという発達段階を考えると，「答えが 12 になるたし算の式は？」と問われて反射的に式を答えるのは難しいし，ましてやきまりの存在も知らない。したがって，「答えが 12 になるたし算の式を見つけよう」という目的のもとでさまざまなたし算の式をつくり，計算をしていくことにより，答えが 12 になるたし算の式を見つけていく。その過程で，かなりの量のたし算の計算練習をすることとなり，自然な形で計算処理力を確かなものとすることもできる。

(2) 多様な式を見つける楽しさを味わうことができる

　この教材では，答えが12になる式が多様に存在するため，多様な式を見つける楽しさを味わわせることができ，主体的な学びが実現できる。答えにあたる数としては，繰り上がりのある1位数どうしのたし算の式が多様に考えられるよう「12」に設定した。

$$9+3=12 \quad 8+4=12 \quad 7+5=12 \quad 6+6=12$$
$$3+9=12 \quad 4+8=12 \quad 5+7=12$$

(3) 見つけた多様な式から新たな発想を生み出すおもしろさを味わうことができる

　答えが12になる式は上記の7通りがまず見つかる。これらの式を観察しながらペアなどで話し合わせるという対話的な学びを通して，子どもたちからはさまざまな発見が発表される。

　「『たされる数』と『たす数』を入れ替えても，答えは同じになる」

　「『たされる数』が1小さくなるにつれて『たす数』は1大きくなる」

　この発見が発表されたら，ほかのたし算でもすべて同じことがいえるかを確かめる。

　子どもたちの「『たされる数』と『たす数』を入れ替えても，答えは同じになる」という発見は，この確かめによりたし算の性質として確かな知識となる。自分たちの発見が確かな知識へとつながることは，子どもたちに満足感をもたせることになり，今後の学習意欲につながる重要な経験となる。

　また，次のような発見をする子どもも出てくる。

　「たし算を2回使ってもいいのですか。それなら，答えが12になる式がもっと見つかります」

$$3+3+6=12 \quad 3+7+2=12 \quad 3+8+1=12$$

　この発想から，さらに新しい発見をする子どもも出てくる。

　「『たされる数』か『たす数』に10より大きい数を入れてもいいですか」

$$10+2=12 \quad 11+1=12$$

　このように発想を広げるだけで，答えの世界は広がる。子どもたちは考える楽しさを満喫し，その経験は次なる学習での発想の広がりにつながっていく。このプロセスが，深い学びである。

2 展開例

(1) 問題把握

T　昨日まで，繰り上がりのあるたし算の勉強をしてきました。今日の勉強は，昨日までとちょっと違います。答えが決まっていて，その答えになるたし算の式を見つける問題です。

C　いつもと反対ですね。

T　そうです。たとえば，答えが4になるたし算の式は見つかりますか。

C　1+3，2+2，3+1という式なら，答えは4です。

T　それでは，今度は答えが12になるたし算の式を見つけましょう。
　（ワークシートを配付する）

【主体的な学び】

　1年生という発達段階を考えると，問題の意味の理解が不十分な子どもや，答えを1つ見つければそれで終わりだと思う子どもが多いと考えられる。それだけに，「この問題は答えがいっぱいありそうだ」というイメージをもたせたり，「いろいろと考えてみるぞ」という主体的な学びへの意欲を高めたりすることが重要である。そこで，式が容易に見つかりそうな，答えが4になるたし算の式を見つけるという問題を設定し，その問題を全体で解決することにより，問題の意味の理解をはかったうえで，「この問題は答えがいっぱいありそうだ，見つけよう」という主体的な学びにつなげる。

---

(2) 個人解決

C1　（思いついたままランダムにたし算の式をつくっていき，偶然答えが12になるたし算の式を見つける）

C2　（答えが12になりそうなたし算の式を勘を頼りに探す）

C3　（答えが12になるたし算の式を見つけたあと，今までの学習で何となく気づいていた「『たされる数』と『たす数』を入れ替えても答えは同じかもしれない」という発想をもとに，たし算の式を見つける）

(3) 発表，話し合い

T　それでは，答えが12になるたし算の式を発表しましょう。

C　3+9，4+8，5+7，6+6，7+5，8+4，9+3です。

T　答えが12になるたし算の式は全部で7つあるようですね。7つの式を見て何か気づくことがないかを，隣の人と話し合ってみましょう。

C 「3+9」と「9+3」,「4+8」と「8+4」,「5+7」と「7+5」は,どれも「たされる数」と「たす数」を入れ替えた式になっています。

T ほかのたし算でも同じことがいえるか,隣の人と確かめてみましょう。

C どれも「たされる数」と「たす数」を入れ替えても答えは同じになっています。

T ほかに気づくことはありませんか。

C 「3+3=6」のように同じ数をたした数が答えのときは,式の数は1,3,5,7ですが,ほかの場合はたし算の式の数は2,4,6,8となっています。

C たし算の式を順番に並べると「たされる数」が1小さくなるにつれて「たす数」が1大きくなっていることがわかります。

C 質問があります。たし算の式は1回しか使ってはいけないのですか。

T どういう意味ですか。

C たとえば「9+3」ならば,「9」を「6+3」と見ると「6+3+3」という式になると思います。

C 「10」より大きい数を使ってもいいのですか。

T どういう意味ですか。

C たとえば「8+4」の次に「9+3」がくると,その次には「10+2」が,またその次には「11+1」がくると思います。

---【対話的な学び】---

ペアでの話し合いによる対話的な学びを通して,「たされる数」と「たす数」が入れ替わっても答えは変わらないことなどに気づく。

子どもたちをよく観察すると,ほかの答えになるたし算でもあてはまるかを調べはじめるペアも現れる。この姿が深い学びの姿である。なかには,同じ数どうしをたした数が答えのときだけは,式の数は奇数個で,ほかの場合は式の数は偶数個になっていることに気づくペアも現れる。

---【深い学び】---

話し合いながら考えていくなかで,3口のたし算や,まだ学習していない10を越えた数を使ったたし算にも気づいていく。

(4) まとめ,発展

T 答えが12になるたし算の式はいろいろありましたが,それらをよく見ると,いろいろなことに気づけましたね。ほかの勉強のときにも調べてみましょう。

学 習 指 導 案

学 習 活 動	指導上の留意点（○）と評価（◇）
1．問題把握 T　今日は答えが12になるたし算の式を見つけましょう。 2．個人解決 C1　（思いついたままランダムにたし算の式をつくっていく） C2　（勘を頼りに探す） C3　（今までの学習で何となく気づいてきたきまりをもとに，たし算の式を見つける）	○前時まで，繰り上がりのあるたし算の勉強をしてきたことを確認する。 ○問題の意味の理解を確かなものとするため，答えが4になるたし算の式探しをしたあと，問題設定をする。 ○ワークシートを配付する。 ◇いろいろな式を見つけようとできたか。 <主体的な学び>
3．発表，話し合い T　答えが12になるたし算を発表しましょう。 C　3＋9，4＋8，5＋7，6＋6，7＋5，8＋4，9＋3です。 T　何か気づくことはありますか。 C　たされる数とたす数を入れ替えた式があります。 T　たし算の場合，たされる数とたす数を入れ替えても答えは同じになりますか。 C　なると思います。 T　ほかに気づくことはありませんか。 C　たされる数が1小さくなるにつれてたす数が1大きくなっています。 C　たし算の式は2回使ってもいいですか。 C　9＋3なら，9を6＋3と見ると6＋3＋3という式になると思います。 C　10より大きい数を使ってもいいですか。 C　たとえば8＋4の次に9＋3がくると，その次には10＋2が，またその次には11＋1がくると思います。	○発表された順にランダムに掲示する。 ○ペアなどで話し合わせる。 <対話的な学び> ○具体的な式を例に挙げて説明させる。 ○ほかの式でもいえるかを確かめさせる。 <深い学び> ○意味が理解できているかを隣どうしで説明し合わせて確かめさせる。 <対話的な学び・深い学び> ○意味が理解できているかを隣どうしで説明し合わせて確かめさせる。 <対話的な学び・深い学び>
4．まとめ，発展 T　たし算には，たされる数とたす数を入れ替えても答えは変わらない，たされる数が1小さくなるにつれてたす数が1大きくなるというきまりがあること，たされる数やたす数をばらばらにするとたし算2つの式もあること，たされる数やたす数が10より大きい数になるたし算もありそうなことなどがわかりましたね。	○学習感想を書かせる。　　<深い学び>

がつ　　にち　　じかんめ　　　　　　　　　　　　　　　　　１ねん　　くみ　　ばん　　なまえ

【あたらしく　見つけた　しきを　かきましょう】

こたえが　12に　なる　たしざんの　しきを　見つけましょう。

〈気づいた　ことを　かきましょう〉

〈じゅぎょうの　かんそうを　かきましょう〉

1年
2年
3年

25

1年

2. 「答えが7になるひき算 は？」

実施時期 「繰り下がりのあるひき算」のまとめ

問題 こたえが 7に なる ひきざんの しきを 見つけましょう。

めあて

主体的な学び 答えが7になるひき算の式を多様に見つけようとする。

対話的な学び 答えが7になる多様なひき算の式をペアなどで観察しながら，話し合いを通して，「ひかれる数」と「ひく数」の関係に気づくことができる。

深い学び 答えが7になるひき算の式から，3口のひき算や，2位数と2位数のひき算の存在に気づくことができる。

1 教材について

（1）ひき算の計算処理力を確かなものとすることができる

計算の習熟をはかる学習では，練習問題をたくさん設定し，ひたすら計算練習させる指導が多いが，「目的意識をもって主体的に取り組む」「何か発見，発展できないかと考える」主体的な学びが見られないという危険性もある。

そこで，たし算の授業と同様にひき算の授業でも，答えだけを示し，その答えになるひき算の式を見つけるという逆の問題を設定した。答えにあてはまる式を見つけるという活動は，子どもにとっては斬新なものであり，主体的な学びが期待できる。

また，繰り下がりのあるひき算の計算の仕方を習得したばかりという発達段階を考えると，「答えが7になるひき算の式は？」と問われて反射的に式を答えるのは難しいし，ましてやきまりの存在も知らない。したがって，「答えが7になるひき算の式を見つけよう」という目的のもとでさまざまなひき算の式をつくり，計算をしていくことにより，答えが7になるひき算の式を見つけていく。その過程で，かなりの量のひき算の計算練習をすることとなり，自然な形で計算処理力を確かなものとすることもできる。

(2) 多様な式を見つける楽しさを味わうことができる

　この教材では，答えが7になる式が多様に存在するため，多様な式を見つける楽しさを味わわせることができ，主体的な学びが実現できる。答えにあたる数としては，繰り下がりのある2位数から1位数のひき算の式が多様に考えられる数として「7」を設定した。

$$8-1=7 \quad 9-2=7 \quad 10-3=7 \quad 11-4=7 \quad 12-5=7$$
$$13-6=7 \quad 14-7=7 \quad 15-8=7 \quad 16-9=7$$

(3) 見つけた多様な式から新たな発想を生み出すおもしろさを味わうことができる

　答えが7になる式は上記の9通りがまず見つかる。これらの式を観察しながらペアなどで話し合わせるという対話的な学びを通して，子どもたちからは次のような発見が発表される。

　「『ひかれる数』が1大きくなるにつれて『ひく数』も1大きくなる」

　この発見が発表されたら，ほかのひき算でもすべて同じことがいえるかを確かめる。

　また，次のような発見をする子どもも出てくる。

　「ひき算を2回使ってもいいのですか。それなら，答えが7になる式がもっと見つかります」

$$12-2-3=7 \quad 17-2-8=7 \quad 19-3-9=7$$

　この発想から，さらに新しい発見をする子どもも出てくる。

　「『ひく数』に10より大きい数を入れてもいいですか」

$$17-10=7 \quad 19-12=7$$

　このように発想を広げていくと，答えの世界は次々と広がる。それにつれて子どもたちは考える楽しさを満喫していく。そしてその経験は，次なる学習での発想の広がりにつながっていく。このプロセスが，深い学びである。深い学びができたことに感じた満足感は，今後の学習意欲につながる。オープンエンドの問題は，このような重要な経験を子どもにもたらせる。

2 展開例

(1) 問題把握

T 昨日まで，繰り下がりのあるひき算の勉強をしてきました。今日の勉強は，昨日まで
とちょっと違います。答えが決まっていて，その答えになるひき算の式を見つける問題
です。

C たし算のときに同じような勉強をしました。

T そうです。思い出してみましょう。たとえば，答えが4になるたし算の式にはどんな
式がありましたか。

C 1+3，2+2，3+1がありました。

T 今日はひき算です。答えが7になるひき算の式を見つけましょう。

（ワークシートを配付する）

┌─【主体的な学び】────────────────────────────────
│
│　オープンエンドの学習経験をたし算でも積んできたとはいえども，1年生という発達
│段階を考えると，やはり問題の意味の理解が不十分な子どもや，答えを1つ見つければ
│それで終わりだと思う子どもがいると考えられる。それだけに，たし算での学習経験を
│想起させることで「この問題は答えがいっぱいありそうだ」というイメージをもたせた
│り，「いろいろと考えてみるぞ」という主体的な学びへの意欲を高めることが重要である。
│
└──

(2) 個人解決

C1 （思いついたままランダムにひき算の式をつくっていき，偶然答えが7になるひき算
の式をつくる）

C2 （答えが7になるひき算の式を見つけたあと，今までの学習で何となく気づいていた
「『ひかれる数』『ひく数』の両方を同じ数だけ大きくしても答えは同じ」という発想をも
とに，ひき算の式をつくる）

(3) 発表，話し合い

T それでは，答えが7になるひき算の式を発表しましょう。

C 8−1，9−2，10−3，11−4，12−5，13−6，14−7，15−8，16−9です。

T 答えが7になるひき算の式は9つあるようですね。9つの式を見て何か気づくことが
ないかを隣の人と話し合ってみましょう。

C 順番に並べると，最初に見つけた「ひかれる数」の8と「ひく数」の1それぞれに同
じ数をたしても，答えは同じ7になっていることがわかります。

T ほかのひき算でも同じことがいえるか，隣の人と確かめてみましょう。

C どれも「ひかれる数」と「ひく数」それぞれに同じ数をたしても，答えは同じになっています。

T ほかに気づくことはありませんか。

C 質問があります。たし算のときに，「＋」を2回使った式をつくりましたが，ひき算でも「－」を2回使った式をつくってもいいのですか。

T たとえばどういうことですか。

C たとえば「12－5」ならば，「12」は「13－1」なので「13－1－5」という式になると思います。

C ひく数を2と3に分けて「12－2－3」という式もできると思います。

C ひく数も10より大きい数にしてもいいのですか。

T どういう意味ですか。

C たとえば「15－8」の次に「16－9」がくると，その次に「17－10」，またその次に「18－11」がくると思います。

┌─【対話的な学び】────────────────────────────┐
　ペアでの話し合いなどの対話的な学びを通して，「ひかれる数」と「ひく数」それぞれに同じ数をたしても，答えは同じになることなどに気づく。

　子どもたちをよく観察すると，ほかの答えになるひき算でもあてはまるかを調べはじめるペアも見られる。
└──────────────────────────────────────┘

┌─【深い学び】──────────────────────────────┐
　ペアなどでの対話的な学びをしている子どもたちの話し合いの様子を観察していると，たし算での経験を生かして，3口のひき算，さらには繰り下がりのない2位数－2位数のひき算についても考えるという深い学びをしようとする子どもが現れる。
└──────────────────────────────────────┘

(4) まとめ，発展

T 答えが7になるひき算の式はいろいろありましたが，それらをよく見ると，たし算にもきまりがあったように，ひき算にも「『ひかれる数』と『ひく数』に同じ数をたしても答えは同じ」というきまりがあることがわかりました。

　また，たし算と同じようにひき算2つの式もあることや，ひく数が10より大きい数になるひき算がありそうなこともわかりました。

学 習 指 導 案

学 習 活 動	指導上の留意点（○）と評価（◇）
1．問題把握 T　今日は答えが7になるひき算の式を見つけましょう。	○以前，答えがわかっているたし算の式を見つける勉強をしたことを確認する。
2．個人解決 C1　（思いついたままランダムにひき算の式をつくっていく） C2　（今までの学習で何となく気づいてきたきまりをもとに，ひき算の式を見つける）	○問題の意味の理解を確かなものとするため，答えが4になるたし算の式探しを思い出させたあと，問題設定をする。 ○ワークシートを配付する。 ◇いろいろな式を見つけようとできたか。 　　　　　　　　　＜主体的な学び＞
3．発表，話し合い T　答えが7になるひき算を発表しましょう。 C　8−1，9−2，10−3，11−4，12−5，13−6，14−7，15−8，16−9です。 T　何か気づくことはありますか。 C　最初に見つけた「8−1」の式のひかれる数とひく数に同じ数をたしても答えは同じ7になることがわかりました。 T　ほかに思いつくことはありませんか。 C　たし算のときと同じように，ひき算を2回使ってもいいですか。 C　「12−5」という式は「13−1−5」という式に見ることができると思います。 C　ひく数に10より大きい数を使ってもいいですか。 C　順番に並べると16−9の次にくるのは17−10，その次に18−11がくると思います。	○発表された順にランダムに掲示する。 ○ペアなどで話し合わせる。 　　　　　　　　　＜対話的な学び＞ ○「8−1」と「9−2」のように例を挙げて説明させる。 ○ほかの式でもいえるかを確かめさせる。 　　　　　　　　　＜深い学び＞ ○意味が理解できているかを隣どうしで説明し合わせて確かめさせる。 　　　＜対話的な学び・深い学び＞ ○意味が理解できているかを隣どうしで説明し合わせて確かめさせる。 　　　＜対話的な学び・深い学び＞
4．まとめ，発展 T　ひき算には，ひかれる数とひく数に同じ数をたしても答えは同じというきまりがあること，ひかれる数やひく数をばらばらにするとひき算2つの式もあること，ひく数が10より大きい数になるひき算もありそうなことがわかりましたね。	○学習感想を書かせる。　　＜深い学び＞

がつ　にち　じかんめ　　　　　　　　　　　　　　　　　　1ねん　くみ　ばん　なまえ＿＿＿＿＿

こたえが 7に なる ひきざんの しきを 見つけましょう。

[あたらしく 見つけた しきを かきましょう]

〈気づいた ことを かきましょう〉

〈じゅぎょうの かんそうを かきましょう〉

1年
2年
3年

31

1年　3.「どこにあるかな？」

| 実施時期 | 「位置の表し方」の導入 |

問題
パンダの　ぬいぐるみは　どこに　ありますか。
ことばで　ともだちに　わかるように
せつめい　しましょう。

めあて

主体的な学び　右から○番目，左から○番目，上から○番目，下から○番目というように，ものの位置の表し方を多様に考えようとする。

対話的な学び　ものの位置の表し方をペアなどで話し合い考え合うことができる。

深い学び　ものの位置の表し方を問う問題をつくり，解き合うことができる。

1 教材について

(1) ものの位置を2方向からとらえる必然性があり，子どもの解決意欲を高める

この教材では，最初に例題として1列だけの絵を見せる。1列だけの場合，位置を1方向からだけで表現できる。その後，2方向から表現する必要がある題材を扱う。このことにより，子どもの解決意欲を高め，主体的な学びの誘発をねらっている。

(2) ものの位置の表し方を多様に考えるおもしろさを味わうことができる

ものの位置の表し方には，「前から○番目」「後ろから○番目」「右から○番目」「左から○番目」「上から○番目」「下から○番目」などがある。たとえば一列に並んでいる子どもの場合なら「ぼくの立っている位置は前から5番目」「わたしの立っている位置は後ろから3番目」というように，いろいろな表現の仕方がある。このように，ものの位置の表し方には多様性があり，主体的な学びを誘発することが期待できる。また，自分では考えつかない表現の仕方を友だちの発表から知ることができる。対話的な学びの効果である。

この教材では，さらに2つの視点を組み合わせた表し方が求められる。子どもたちから

1方向のみからの表し方が発表されたときには，それだけでは不十分であること，なぜそれだけでは不十分かを話し合い考え合う活動が生まれる。この教材では，このような対話的な学びが誘発できる。

(3) ものの位置の表し方を問うクイズをし，解き合う楽しさを味わうことができる

今回の授業では，パンダのぬいぐるみの位置のさまざまな表し方について考えたあと，隣どうしで位置の表し方を質問し合うクイズをする。クイズを出すこと自体は簡単であり，子どもたちは意欲的に取り組む。まさしく主体的な学びの姿が見られる。ただし，出したクイズに対して，隣の子が答えたものが正しいか，その答えで十分かを判断しなければならない。この判断を正しくできるためには，学習内容を十分に理解していることが必要となる。その意味で，練習問題を何問も取り組むより，確かな理解をはかることができる。この学びが深い学びの姿である。

2 展開例

(1) 問題把握

T （ワークシートを配付する。教室に電子黒板があれば，例題だけを映す）

　この絵を見ましょう。

　うさぎは，どこにいますか。言葉で説明しましょう。

C　左から3番目にいます。

C　右から5番目にいます。

T　それでは，今度はパンダのぬいぐるみを見つけましょう。（問題を見せる）

C　見つけました。

T　見つけたら，赤鉛筆で色を塗りましょう。

T　パンダのぬいぐるみがどこにあるかを，言葉だけで説明したいと思います。何と説明するか，説明する言葉をワークシートに書きましょう。

【主体的な学び】

　まず例題だけを見せ，1方向からの見方だけで位置を表せるうさぎについて考えさせる。その後，1方向からの見方だけでは位置を表せないパンダを題材にする。この工夫により，子どもは解決意欲が喚起され，主体的な学びが見られる。
---

(2) 個人解決

C　（パンダの位置を表す説明をしようとするが，うまく言葉に書けずに手がつかない）

C　（「何番目」というキーワードが入ってはいるが，「どこから」という基準となるキーワードが入っていない）

C　（「どこから何番目」というキーワードが入っているが，1方向からだけしかとらえておらず，それだけでは位置の表し方としては不十分である）

C　（2方向から「どこから何番目」というキーワードが入っており，位置の表し方として十分な説明になっている）

(3) 発表，話し合い

T　パンダのぬいぐるみがどこにあるかを，言葉だけで説明しましょう。

C1　右から3番目にあります。

C　右から3番目にはいろいろなぬいぐるみが並んでいるから，それだけではパンダのぬいぐるみがどこにあるかの説明にはなっていないと思います。

C2　上から2番目にあります。

C　上から2番目にもいろいろなぬいぐるみが並んでいるから，それだけではパンダのぬ

いぐるみがどこにあるかの説明にはなっていないと思います。

C3 右から3番目の上から2番目です。

C この言い方なら，その場所は1か所しかないので，パンダのぬいぐるみがどこにあるかわかります。

C4 上から2番目の右から3番目とも言えます。

C この言い方でも，その場所は1か所しかないので，パンダのぬいぐるみがどこにあるかわかります。

C5 左から6番目の下から4番目とも言えます。

C6 下から4番目の左から6番目とも言えます。

T C3，C4，C5，C6の説明がどれも正しいかを確かめてみましょう。

　（黒板に掲示してある図で全員で声を合わせて確かめる）

┌─【対話的な学び】─────────────────────────────┐

　パンダの位置を言葉だけで説明するという対話的な学びが成立するためには，「右から3番目で上から2番目」のように2方向の基準と何番目かを明確にする必要がある。つまり「自分がわかればよい」という発想から脱却し，相手にわかるように表現することが求められる。このことが，思いやりの心の育成にもつながる。

└───────────────────────────────────┘

(4) まとめ，発展

T ものがどこにあるかを言葉で説明するには，「どこから数えるか」をまずはっきりさせて，そこから何番目かを数えて言葉で説明することが大事ですね。

　最後に隣の人とクイズをします。ワークシートにある絵を使って，「○○はどこにありますか」という問題や，「どこから何番目，どこから何番目にあるものは何ですか」という問題を出して，当ててみましょう。

┌─【深い学び】──────────────────────────────┐

　算数の授業では，学習したことを理解し知識として習得できたかを評価するため練習問題をする授業が多く見られる。今回の授業では，学習した内容を使って，逆のパターンの問題を隣どうしで出し合うクイズを取り入れることで深い学びをめざす。

└───────────────────────────────────┘

学 習 指 導 案

学　習　活　動	指導上の留意点（○）と評価（◇）
1. 問題把握 T　この絵を見ましょう。うさぎは，どこにいますか。言葉で説明しましょう。 C　左から3番目にいます。 C　右から5番目にいます。 T　それでは，今度はパンダのぬいぐるみを見つけましょう。 　　見つけたら，赤鉛筆で色を塗ってから，パンダのぬいぐるみがどこにあるかを，言葉だけで説明しましょう。 **2. 個人解決** C　（1方向からの位置の表し方はできているが2方向からはとらえられていない） C　（2方向から位置を表している） **3. 発表，話し合い** T　言葉だけで説明しましょう。 C1　右から3番目にあります。 C　それだけではわかりません。 C2　上から2番目にあります。 C　それだけでもわかりません。 C3　右から3番目の上から2番目です。 C　それならわかります。 C4　上から2番目の右から3番目です。 C　この言い方でも，わかります。 C5　左から6番目の下から4番目です。 C6　下から4番目の左から6番目です。 **4. まとめ，発展** T　ものがどこにあるかを言葉で説明するときに大事なことを隣の人と話し合いながらワークシートにまとめましょう。 　　最後に，隣の人とクイズをします。ワークシートにある絵を使って，「○○はどこにありますか」，「どこどこから何番目にあるものは何ですか」というように問題を出し合います。さあ，始めましょう。	○ワークシートを配付する。 ○電子黒板があれば画面に映したり，拡大図を黒板に掲示したりする。 ◇うさぎの位置を「左から」と「右から」の双方向から数え，説明できたか。 ◇いろいろな表現方法があることが意識できているか。　　　　＜主体的な学び＞ ○うまく言葉で表現できていない子どもには，まず口で説明させ，それを文に書かせるように助言する。 ◇パンダのぬいぐるみの位置を，言葉で2方向から説明できているか。 ○なぜそれだけではわからないかを説明させる。 ○C3，C4，C5，C6の説明がどれも正しいかを黒板に掲示してある図で隣どうしで話し合わせながら確かめさせてもよい。 　　　　　　　　　　　　＜対話的な学び＞ ◇「上」か「下」から何番目と「右」か「左」から何番目のように2方向からの説明が必要なことが書けているか。 　　　　　　　　　　　　　　＜深い学び＞ ○隣どうしでクイズをやる。 ○時間があれば学習感想を書かせる。 　　　　　　　　　　　　　　＜深い学び＞

36

がつ　にち　じかんめ　　　　　　　　　　　　　　　　1ねん　くみ　ばん　なまえ＿＿＿＿

【れい】

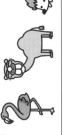

パンダの ぬいぐるみは どこに ありますか。
ことばで ともだちに わかるように せつめい しましょう。

うさぎは 左（ひだり）から（　）ばんめ・右（みぎ）から（　）ばんめ

【もんだい】

〈わかった ことを かきましょう〉

【クイズの こたえを かきましょう】

〈じゅぎょうの かんそうを かきましょう〉

1年
2年
3年

1年

4.「たし算の問題をつくろう」

実施時期	「たし算」のまとめ

問題	しきに すると 「6+3」に なる もんだいを つくりましょう。

めあて

主体的な学び 式に表すと「6+3」になるたし算の問題を,「あわせていくつ」という観点と「ふえるといくつ」という観点から多様につくろうとする。

対話的な学び 式に表すと「6+3」になるさまざまなたし算の問題に対してグループや全体で話し合い,その問題の特徴に気づくことができる。

深い学び たし算は「あわせていくつ」という観点と「ふえるといくつ」という観点から分類できることが理解できる。

1 教材について

(1) 問題をつくるという活動を通して,主体的な学びが実現でき,創造力が育成できる

　この教材は「問題づくり」の活動を中心としたものである。問題をつくるという活動は,場面,題材,数値も自分で決めるため,創造力を発揮しながら自由に多様な問題をつくるという主体的な学びが実現できる。この問題づくりの活動の源となるのが創造力である。創造力とは,「評価できる学力」「目に見える学力」ではなく「目に見えにくい学力」である。しかし,社会に出たときの子どもたちを支える重要な学力である。この創造力を育成することができることが,この教材のよさである。

　一般的に「問題づくり」の授業は,大きく分けて次の3つの目的に立って展開されることが多い。

ア) 既習内容を少し発展させた問題をつくる授業。単元の導入時に行われることが多い。この授業では,子どもがつくった問題のなかから授業で取り組む問題を抽出し,共通問題として設定することで,授業を展開することが多い。

イ) 学習した内容(主に「式の意味」)が理解できているかを確認,評価することを目的として問題をつくる授業。単元のまとめの時期に行われることが多い。この授業では,子どもが問題をつくれるかに焦点が当てられるため,つくった問題は,子どもどう

38

しで解決し合ったりして処理することが多い。

ウ）式だけ設定し，立式したときにその式になる問題文をつくる授業。単元のまとめの時期に行われることが多い。この授業では，たし算やひき算，かけ算，わり算の計算の意味が十分に理解できているかを確認することを目的として取り組まれることが多い。答えは全員同じになるため，つくった問題を黒板などに掲示し，集団で吟味することが多い。

　今回の授業は，ウ）のタイプである。ただし，1年生という段階を考えると，問題づくりの経験が乏しいと考えられるだけに，いきなり問題を自由につくらせても，問題文として成立しないものが多くつくられてしまうことがある。そこで，ひとまず問題をつくったあと，問題文として成立しているかをグループで見せ合い，確認することが重要である。そのうえで，さらに問題づくりの活動を再開し，創造力を発揮して主体的に問題づくりに取り組ませることが重要である。

(2) 話し合いながら観点ごとに分類するという対話的な学びを通しての深い学びができる

　問題づくりの授業でポイントとなるのは，子どもたちがつくった問題をどうするかである。授業のねらいによっては問題をつくって終わりとする授業もある。

　今回の授業では，立式すると「6＋3」になる問題を子どもたちが自由につくったあと，問題文を黒板に掲示したり，プリントにまとめて配付したりする。それらの問題について，集団での話し合いという対話的な学びを通して観察・吟味することにより，どの問題文も，「あわせていくつ」，「ふえるといくつ」のいずれかに属することに気づく。そして，その「あわせていくつ」，「ふえるといくつ」という観点から掲示された問題文を分類することで，たし算の仕組みの理解を確かなものにするという深い学びを実現する。

(3) ブロックなどの操作活動により，「あわせていくつ」「ふえるといくつ」の違いを明確化するという深い学びができる

　「友だちの発表を聞く」という活動は，対話的な学びのある授業では不可欠である。しかし，「聞いて拍手」イコール「理解」とはいえない。聞いた発表の内容を本当に理解できているかを確かめるには，隣どうしなどで言葉で説明させる活動が有効であるが，今回の授業で取り入れている「操作活動で再現する」という確認行動もきわめて有効である。ここでは，友だちが発表した問題が，本当に「6＋3」にあたるかを，ブロックを操作することで確かめる活動を取り入れることにより，理解を確かなものとするという深い学びを実現する。

2 展開例

(1) 問題把握

T 昨日まで，問題を読んでたし算の式を立てたり，たし算の計算をしたりする勉強をしてきました。今日は，昨日までとはちょっと違います。式が決まっていて，その式に合うたし算の問題をつくります。

C 問題をつくるんですか。

T そうです。式にすると「6+3」になる問題をつくりましょう。「6+3」になれば，どんな問題でも構いません。

（ワークシートを配付する）

┌─【主体的な学び】───────────────────────────────┐

　「問題をつくる活動」は，問題文として成立していて，「6+3」になっていれば，どのような問題でも正解である。それだけに子どもたちは安心して主体的に問題づくりに取り組める。また，1つ問題がつくれると，それをもとにして次から次へと問題を主体的につくろうとする。

└──┘

(2) 個人解決

C （たし算の問題がつくれないでいる）

C （たし算の問題をつくろうとしているが，問題文になっていない）

C （「あわせていくつ」にあたる問題をつくる）

C （「ふえるといくつ」にあたる問題をつくる）

C （「あわせていくつ」「ふえるといくつ」にあたる問題両方をつくる）

(3) 発表，話し合い

T それでは，式に表すと「6+3」になる自分がつくった問題を，グループで発表し合い，意見がありましたら出し合いましょう。

┌─【対話的な学び】───────────────────────────────┐

　ここでは，つくった問題をグループ内で発表し合う。1年生という実態を考えると，つくった問題は問題文として成立していなかったり，式にすると「6+3」にならなかったりする場合も考えられる。その場合には，グループでの対話的な学びを通して知恵を出し合い，問題文が成立するように話し合い考え合う。

└──┘

T グループごとに，みんなの前で発表する問題を1つ選びましょう。

C1　いちご味のあめが 6 個と, ぶどう味のあめが 3 個あります。あわせると何個でしょう。

C2　バスに男の子が 6 人と女の子が 3 人乗っています。あわせると何人でしょう。

C3　公園で 6 人で遊んでいました。そこに 3 人が「入れて」と来ました。全部で何人になったでしょう。

C4　バスに 6 人が乗っていました。次のバス停で 3 人が乗ってきて, 1 人も降りなかったそうです。バスには何人乗っていますか。

C5　カードをお兄さんが 6 枚, 弟が 3 枚もっていました。あわせると何枚になるでしょう。

C6　昨日まで 6 冊の絵本を読みました。今日は新たに 3 冊読みました。読んだ絵本の数は全部で何冊になったでしょう。

T　式にすると「6＋3」になる問題をいろいろとみんな考えましたね。たくさんある問題をよく見ましょう。何か気づくことはないか, 隣の人と話し合ってみましょう。

C　C1, C2, C5 の問題は, 別々にいた「6」と「3」を 1 つにあわせる問題です。

C　C3, C4, C6 の問題は, 最初に「6」があって, そのあとから「3」がふえる問題です。

T　なるほど。式にするとたし算になる問題には, 「あわせていくつ」という問題と「ふえるといくつ」という問題があるのですね。その違いがはっきりわかる方法はありませんか。

C　ブロックを使って表したり絵や図に表したりするとわかるんじゃないかな。

T　それでは, 「あわせていくつ」という問題と「ふえるといくつ」という問題のブロックを使っての表し方, 絵や図での表し方を隣の人と一緒に考えてみましょう。

┌─【対話的な学び・深い学び】────────────────────┐
│　発表を聞くだけですべての子どもが理解することは難しい。聞いたことを実際に説明してみたりかいたり操作したりして, 理解を確かなものとする深い学びに結びつけることが大事である。ここでは, 聞いたことをブロックを操作しながら隣どうしで説明するなどの対話的な学びを通して理解を確かなものとする。│
└──────────────────────────────┘

(4) まとめ, 発展

T　式に表すと「6＋3」になる問題はいろいろつくれることがわかりました。また, いろいろある問題も, 問題をブロックを使って表したり絵や図を使って表したりすると, 「あわせていくつ」という問題と「ふえるといくつ」という問題に分かれることがわかりました。これからも, 計算ができるようになるだけでなく, 問題をつくったり, 式を立てるときにブロックを使ったり絵や図に表したりして考えてみましょう。

学 習 指 導 案

学 習 活 動	指導上の留意点（○）と評価（◇）
1．問題把握 T　式に表すと「6＋3」になる問題をつくりましょう。	○ワークシートを配付する。
2．個人解決 C　（あわせていくつにあたる問題をつくる） C　（ふえるといくつにあたる問題をつくる） 3．発表，話し合い T　つくった問題を発表しましょう。 C1　いちご味のあめ6個とぶどう味のあめ3個をあわせると何個でしょう。 C2　バスに男の子が6人と女の子が3人乗っています。あわせると何人でしょう。 C3　公園で6人で遊んでいたところに3人が来たら全部で何人になったでしょう。 C4　6人乗っていたバスに3人が乗ってきました。何人になったでしょう。 C5　カードをお兄さんが6枚，弟が3枚もっています。あわせると何枚でしょう。 C6　昨日まで6冊の絵本を読みました。今日は新たに3冊読みました。読んだ絵本の数は全部で何冊になったでしょう。 T　たくさん貼ってある問題をよく見て，2つのグループの分け方を考えましょう。 C　「6」にあたるものと「3」にあたるものを1つにあわせる問題があります。 C　「6」があってそこに「3」にあたるものがふえる問題があります。 T　2つの問題の違いをブロックを使って表したり絵や図に表したりする方法を隣の人と話し合いましょう。	○手がつかない子どもには，ノートをめくってみさせ，今までやった問題を参考にさせる。 ◇「6＋3」にあたる問題を多様につくれたか。 　　　　　　　　　　　＜主体的な学び＞ ○発表された問題を画用紙に書き，黒板に掲示する。 ◇隣どうしで話し合いながら「あわせていくつ」という問題と「ふえるといくつ」という問題のブロックでの表し方や絵や図での表し方を考えることができたか。 ◇ブロック操作などをしながら，2つのたし算のタイプを説明することができたか。 　　　　＜対話的な学び・深い学び＞
4．まとめ，発展 T　式に表すと「6＋3」になる問題は，「あわせていくつ」という問題と「ふえるといくつ」という問題に分かれることがわかりました。これからも，計算ができるようになるだけでなく，問題をつくったり，式を立てるときにブロックを使ったり絵や図に表したりして考えてみましょう。	○学習感想を書かせる。　　＜深い学び＞

がつ　にち　じかんめ　　　　1ねん　くみ　ばん　なまえ＿＿＿＿

しきに　すると「6+3」に　なる　もんだいを　つくりましょう。

[もんだいを　ブロックや　えや　ずで　あらわしましょう]

〈気づいた　ことを　かきましょう〉

〈じゅぎょうの　かんそうを　かきましょう〉

| 1年 | # 5. 「ひき算の問題をつくろう」 |

実施時期 「ひき算」のまとめ

問題 しきに すると 「9-4」に なる もんだいを つくりましょう。

めあて

主体的な学び 式に表すと「9-4」になるひき算の問題を,「のこりはいくつ」という観点と「ちがいはいくつ」という観点から多様につくろうとする。

対話的な学び 式に表すと「9-4」になるさまざまなひき算の問題に対してグループや全体で話し合い,その問題の特徴に気づくことができる。

深い学び ひき算は「のこりはいくつ」という観点と「ちがいはいくつ」という観点から分類できることが理解できる。

1 教材について

(1) 問題をつくるという活動を通して,主体的な学びが実現でき,創造力が育成できる

　この教材は「問題づくり」の活動を中心としたものである。問題をつくるという活動は,場面,題材,数値も自分で決めるため,創造力を発揮しながら自由に多様な問題をつくるという主体的な学びが実現できる。この問題づくりの活動の源となるのが創造力である。創造力とは,「評価できる学力」「目に見える学力」ではなく「目に見えにくい学力」である。しかし,社会に出たときの子どもたちを支える重要な学力である。この創造力を育成することができることが,この教材の授業のよさである。

　なお,「問題づくり」の授業の目的などについては,本書38ページに書かれているので,参照いただきたい。

　今回の授業も,たし算での問題づくりの授業と同様,単元の終わりに行う「式だけ設定し,立式したときにその式になる問題をつくる授業」である。たし算の単元で経験している場合は,問題づくりに対する詳しい説明も必要なく授業は展開できるうえに,子どもたちも要領を得てきているだけに,問題文として成立していない問題,式にしたときに「9-4」にならない問題をつくる子どもは少ない。ただし,たし算の単元で経験していない場合は,問題文として成立していない問題,式にしたときに「9-4」にならない問題も多く見られ

るため，グループ内で問題を発表し合う時間を多めにとる必要がある。

(2) 話し合いながら観点ごとに分類するという対話的な学びを通しての深い学びができる

　今回の授業はたし算での問題づくりの授業と基本的には同じ構造である。まずは個人解決の段階で，立式すると「9−4」になる問題を子どもたちが自由につくったあと，グループ内で，つくった問題を発表し合い，意見を交流し合う。そのあと，問題を黒板に掲示し，それらの問題について，集団での話し合いという対話的な学びを通して観察・吟味する。たし算の学習で問題づくりの授業を経験していると，いろいろな問題を観察する活動において，特徴を見いだして分類するという思考が自然に生まれ，どの問題も，「のこりはいくつ」，「ちがいはいくつ」のいずれかに属することに気づく。そして，それぞれの観点から掲示された問題を分類することで，ひき算の仕組みの理解を確かなものにするという深い学びにたどりつける。

　たし算の学習での経験がない場合には，グループでの話し合いの初期段階で，つくった問題が問題文として成立しているかの確認をするよう指導する必要がある。その際，問題のイメージができないグループがある場合には，教科書にある問題の仕組み，構造を解説し，理解を共有する指導も重要である。

(3) ブロックなどの操作活動により，「のこりはいくつ」「ちがいはいくつ」の違いを明確化するという深い学びができる

　ここでも，たし算での学習経験がある場合とない場合では，指導のポイントが異なる。学習経験がある場合には，発表された問題を聞きながら，子どもが自分でブロックを操作し，理解を共有することが期待できる。学習経験がない場合には，子どもの発表を一度に最後までさせずに，ステップごとに止め，そこまでをブロックで操作させながら理解を共有し，確かなものとする指導が重要となる。

　いずれの場合も，友だちが発表した問題が，本当に「9−4」にあたるかを，ブロックを操作することで確かめる活動を取り入れることにより，理解を確かなものとするという深い学びを実現する。

　ちなみに，ブロックなどを使った操作活動や，図などをかくという活動は，考えるという思考材としての役割，活動しながら気づくという感性育成材としての役割，自分自身の理解を確かなものとするための理解材としての役割，友だちに説明するための説明材としての役割をもつ。指と脳との関係は目と脳との関係より密なことは言うまでもないだけに，仮にデジタル化が進んでも重視すべき学びである。

2 展開例

(1) 問題把握

T　昨日まで，問題を読んでひき算の式を立てたり，ひき算の計算をしたりする勉強をしてきました。今日は，昨日までとはちょっと違います。式が決まっていて，その式に合うひき算の問題をつくります。

C　たし算のときに同じような勉強をしました。

T　そうです。今回は，式にすると「9-4」になる問題をつくりましょう。

　（ワークシートを配付する）

【主体的な学び】

　「問題をつくる活動」は，問題文として成立していて，「9-4」になっていれば，どのような問題でも正解である。それだけに子どもたちは安心して主体的に問題づくりに取り組める。また，1つ問題がつくれると，それをもとにして次から次へと問題を主体的につくろうとする。

(2) 個人解決

C　（ひき算の問題がつくれないでいる）

C　（ひき算の問題をつくろうとしているが，問題文になっていない）

C　（「のこりはいくつ」にあたる問題をつくる）

C　（「ちがいはいくつ」にあたる問題をつくる）

C　（「のこりはいくつ」「ちがいはいくつ」にあたる問題両方をつくる）

(3) 発表，話し合い

T　それでは，式に表すと「9-4」になる自分がつくった問題を，グループで発表し合い，意見がありましたら出し合いましょう。

【対話的な学び】

　ここでは，つくった問題をグループ内で発表し合う。たし算での問題づくりの学習経験がない場合は，つくった問題が問題文として成立していない場合も考えられる。その場合は，教科書の問題を見せ，構造を理解させる指導を行ったり，グループで知恵を出し合い，問題文が成立するように話し合いをする時間を多めに確保したりすることが重要である。式にすると「9-4」になるかを対話的な学びを通して確認することが重要である。

T　グループごとに，みんなの前で発表する問題を1つ選びましょう。

C1　クッキーが9枚ありました。4枚食べました。残りは何枚でしょう。

C2　公園で9人で遊んでいました。そのうち4人が帰りました。公園に残って遊んでいるのは何人でしょう。

C3　カードをお姉さんは9枚，弟は4枚もっています。お姉さんは弟より何枚多くもっているでしょう。

C4　赤い皿にはあめが9個，白い皿にはあめが4個のっています。赤い皿は白い皿より何個多くのっているでしょう。

C5　シールを9枚もっていました。妹に4枚あげました。残りは何枚でしょう。

C6　東公園では子どもが9人遊んでいます。西公園では子どもが4人遊んでいます。遊んでいる子どもはどちらの公園が何人多いでしょう。

T　式にすると「9－4」になる問題をいろいろとみんな考えましたね。たくさんある問題をよく見ましょう。何か気づくことはないか，隣の人と話し合ってみましょう。

C　C1，C2，C5の問題は，どれも最初の数の「9」から「4」が減る問題です。

C　C3，C4，C6の問題は，どれも「9」と「4」が別々にあって，その大きさ比べをする問題です。

T　「のこりはいくつ」という問題と「ちがいはいくつ」という問題があるのですね。その違いがはっきりわかる方法はありませんか。

C　たし算のときと同じように，ブロックを使って表したり，絵や図に表したりするとわかるんじゃないかな。

T　それでは，「のこりはいくつ」という問題と「ちがいはいくつ」という問題のブロックを使っての表し方，絵や図での表し方を隣の人と一緒に考えてみましょう。

┌─【対話的な学び・深い学び】─────────────────────
　発表を聞くだけですべての子どもが理解することは難しい。聞いたことを実際に説明してみたりかいたり操作したりして，理解を確かなものとする深い学びに結びつけることが大事である。ここでは，聞いたことをブロックを操作しながら隣どうしで説明するなどの対話的な学びを通して，理解を確かなものとする。
└────────────────────────────────────

(4) まとめ，発展

T　「9－4」になる問題はいろいろつくれることがわかりました。また，いろいろある問題も，問題をブロックを使って表すと，「のこりはいくつ」と「ちがいはいくつ」という問題に分かれることがわかりました。これからも，計算ができるようになるだけでなく，問題をつくったり，式を立てるときにブロックを使ったり絵や図に表したりして考えてみましょう。

学 習 指 導 案

学　習　活　動	指導上の留意点（○）と評価（◇）
1．問題把握 T　式に表すと「9−4」になる問題をつくりましょう。 **2．個人解決** C　（「のこりはいくつ」にあたる問題をつくる） C　（「ちがいはいくつ」にあたる問題をつくる） **3．発表，話し合い** T　つくった問題を発表しましょう。 C1　クッキーが9枚ありました。4枚食べました。残りは何枚でしょう。 C2　公園で9人で遊んでいました。そのうち4人が帰りました。公園に残って遊んでいるのは何人でしょう。 C3　カードをお姉さんは9枚，弟は4枚もっています。お姉さんは弟より何枚多くもっているでしょう。 C4　赤い皿にはあめが9個，白い皿にはあめが4個のっています。赤い皿は白い皿より何個多くのっているでしょう。 C5　シールを9枚もっていました。妹に4枚あげました。残りは何枚でしょう。 C6　東公園では子どもが9人遊んでいます。西公園では子どもが4人遊んでいます。遊んでいる子どもはどちらの公園が何人多いでしょう。 T　たくさん貼ってある問題をよく見て，2つのグループの分け方を考えましょう。 C　最初にあった9にあたるものから4にあたるものが減った問題があります。 C　9あるものと4あるものを比べてどれだけ多いかを調べる問題があります。 T　2つの問題の違いをブロックを使って表す方法を隣の人と話し合いましょう。 **4．まとめ，発展** T　式に表すと「9−4」になる問題は，「のこりはいくつ」という問題と「ちがいはいくつ」という問題に分かれることがわかりました。これからも，計算ができるだけでなく，問題をつくったり，式を立てるときにブロックを使って表したり絵や図に表したりして考えてみましょう。	○ワークシートを配付する。 ○手がつかない子どもには，ノートをめくってみさせ，今までやった問題を参考にさせる。 ◇「9−4」にあたる問題を多様につくれたか。 　　　　　　　　　　　**＜主体的な学び＞** ○発表された問題を画用紙に書き，黒板に掲示する。 ◇隣どうしで話し合いながら「のこりはいくつ」という問題と「ちがいはいくつ」という問題のブロックでの表し方を考えることができたか。 ◇ブロック操作などをしながら，2つのひき算のタイプを説明することができたか。 　　　　**＜対話的な学び・深い学び＞** ○学習感想を書かせる。　　**＜深い学び＞**

48

がつ　　にち　　じかんめ　　　　　　　　1ねん　くみ　ばん　なまえ＿＿＿＿

しきに　すると　「**9−4**」に　なる　もんだいを　つくりましょう。

【もんだいを　ブロックや　えや　ずで　あらわしましょう】

〈気づいた　ことを　かきましょう〉

〈じゅぎょうの　かんそうを　かきましょう〉

1年
2年
3年

49

1年 6.「お話をつくろう」

実施時期 「3つの数の計算」のまとめ

問題

6まいの えを ならびかえて、おはなしを つくりましょう。
さいしょは しゃこから きた ところなので だれも のって いません。
さいごに くるのは ⑥です。

① まぶしいので カーテンを しめました。

② ひがし町で 4人 おりました。

③ にし町で 2人 のりました。

④ きた町で 2人 のりました。

⑤ さくら町で 5人 のりました。

⑥ おきゃくさんは なん人ですか。

また、さいごに バスに のって いる おきゃくさんは なん人ですか。

めあて

主体的な学び 想像力をはたらかせて、6枚の絵を並び替えてお話づくりをしようとする。

対話的な学び 6枚の絵をグループで話し合いながら並び替えて、自分たちなりのストーリーを考えてお話をつくることができる。

深い学び ②,③,④の3枚の絵の順番を変えても、最後に乗っているお客さんの数は同じであることに気づき、その理由を考えることができる。

1 教材について

(1) お話を自由につくることができる

　この教材では，6枚の絵を自分なりにストーリーを考えて並び替えてお話をつくる。その並べ方によって，いろいろなお話ができる。この仕掛けが主体的な学びを誘発し，筋道立てて考える力を発動させる。それも，1人で考えるのではなく，隣の友だちと話し合いながらストーリーなどを考える。ここに，一緒に力を合わせて考え合うという対話的な学びがある。主体的な学び，対話的な学びの両方がねらえるところがこの教材の特徴である。

(2) 多様なお話ができ，いろいろな式が見つかる楽しさを味わうことができる

　6枚の絵のうち，最後にくるのは⑥ということはわかっている。絵をよく見ると最初にくるのが⑤，次に①がくることがわかる。問題は②③④である。この3枚の並べ方によって，ストーリーは変わり，式も異なる。いろいろなお話ができ，それに伴っていろいろな式がつくれることに子どもたちは楽しさを感じ，活発に話し合いをする。

(3) 絵の順番が違っていても，最後に乗っている人数は同じという気づきが，深い学びにつながる

　絵の順番が多様にあるということは，それに伴いできるお話も多様に存在し，お話を表現する式も多様に存在する。しかし，最終的にバスに乗っている人の数は同じである。

$$⑤→①→②→③→④→⑥……5-4+2+2=5$$
$$⑤→①→②→④→③→⑥……5-4+2+2=5$$
$$⑤→①→③→②→④→⑥……5+2-4+2=5$$
$$⑤→①→③→④→②→⑥……5+2+2-4=5$$
$$⑤→①→④→②→③→⑥……5+2-4+2=5$$
$$⑤→①→④→③→②→⑥……5+2+2-4=5$$

　子どもたちは，お話が異なり，式も異なると答えも異なると考えがちである。しかし，実際に調べていくと，答えはどれも等しいことにたどりつく。

　子どもたちは，途中でいろいろ乗り降りしたのになぜ最初に乗っている人数と最後に乗っている人数が同じなのかに疑問をもつ。その疑問に対して話し合うなかで，乗った人の数の合計と降りた人の数が同じことに気づき，結局人数は変わらないことに気づく。このような深い学びができることも，この教材の特徴である。

2 展開例

(1) 問題把握

T　ここに6枚の絵があります。

　　（絵①〜⑥を黒板に掲示する）

　　この6枚を並び替えて，お話をつくります。最後にくるのは⑥です。隣の人と話し合いながら①から⑤を並べて，お話をつくりましょう。

　　（ワークシートと，ペアごとに6枚の絵カードを配付する）

┌─【主体的な学び】─────────────────────────┐
│　6枚の絵を並び替えて自由に自分なりのお話をつくるという工夫を凝らしているため，子どもたちは，想像力がかきたてられ，より主体的に取り組む。│
└──────────────────────────────────┘

(2) ペア解決

T　6枚の絵のうち，⑥は6番目ということがわかっていますね。⑥をいちばん右端に置きましょう。

T　ほかに何番目かがわかるものはありますか。隣の人と話し合ってみましょう。

┌─【対話的な学び】─────────────────────────┐
│　①から⑤の絵を見て，何番目かが明確にわかるものをペアで話し合い，考え合うという対話的な学びを行う。そのなかで，まず⑤にあるバスは乗客が0であり，さくら町バス停に着いたところであることに気づく。さらに，話し合いを進めるなかで，①にあるバスは，⑤にあるさくら町バス停から出発するところであることに気づく。│
└──────────────────────────────────┘

C　1番目は⑤だとわかります。バス停に着く前に1人も乗っていないのは⑤です。

C　2番目は①だとわかります。1番目にくる⑤の絵に，さくら町バス停があります。①の絵は，このさくら町バス停からバスが出発するところだからです。

T　それでは，1番目が⑤，2番目が①，最後の6番目が⑥とわかりました。残りの②③④は，どんな順番に並べてもお話ができます。好きな順番に並び替えて，どのようなお話になるかを，また隣の人と話し合ってみましょう。

52

┌─【主体的な学び・対話的な学び】─────────────────
│　　②③④の順番については，何の手がかりもない。そこでまず，②③④は好きな順番で
│並べればよいことを伝える。この言葉から，想像力をはたらかせての自由なお話づくり
│となることがわかり，子どもたちは主体的にお話づくりに取り組む。
│　　また，ここでは，ペアで話し合うという対話的な学びを通してお話づくりを進める。
│お互いの想像力を発揮しながら話し合う活動は，将来求められるチーム力につながる。
└────────────────────────────────────

(3) 発表，話し合い

T　それでは，②③④をどのように並べてどのようなお話をつくったか発表しましょう。

C　私たちは，②③④の順番にしました。さくら町バス停で乗った５人のうち，ひがし町
　　バス停で４人降りて１人になりました。そのあと，にし町バス停で２人乗って３人にな
　　りました。次にきた町バス停で２人乗って５人になりました。

　　（同じように②④③の順番，③②④の順番，③④②の順番，④②③の順番，④③②の順
　　番のお話を発表する）

(4) まとめ，発展

T　みんながつくったお話を式にするとどうなりますか。

C　$5-4+2+2=5$ になります。

　　（同じように $5-4+2+2=5$，$5+2-4+2=5$，$5+2+2-4=5$，$5+2-4+2=5$，
　　$5+2+2-4=5$ を発表する）

T　たし算，ひき算にはお話によって長く続くものもあるのですね。

C　あと，どのお話も，式が違うのにみんな答えは５人になっています。

T　なぜ，式が違うのに答えがみんな同じになっているか，隣の人と話し合いましょう。

C　どの式も，最初にくるのは５で，そのあとは「＋４」「－２」「－２」が順番は違うけれ
　　どあるので，増えるのは４で，減るのも合わせて４なので，最初の５と答えは同じにな
　　ると思います。

┌─【対話的な学び・深い学び】─────────────────
│　　「なぜ式は違うのに答えは同じになるのか」という子どものなかに生まれた問いに対
│して話し合う活動は対話的な学びとして理想的な姿である。
│　　対話的な学びを通してたどりつく「＋４」「－２」「－２」の順番が違っても，増えるの
│は４人で減るのも合わせて４人だからもとの人数と変わらないことに気づいていくとい
│う深い学びは，たし算，ひき算の計算のきまりの素地づくりにつながる。
└────────────────────────────────────

学 習 指 導 案

学　習　活　動	指導上の留意点（○）と評価（◇）
1．問題把握 T　隣の人と話し合いながら6枚の絵を並び替えてお話をつくりましょう。最後にくるのは⑥です。ほかにわかるものはありますか。 C　⑤が1番目，①が2番目です。 T　残りの②③④を好きな順番に並び替えて，どのようなお話になるか話し合いましょう。	○6枚の絵を黒板に掲示して，問題提示し，自由に並び替えて問題づくりすることを理解させる。 　　　　　　　　　　　　　　＜主体的な学び＞ ○ワークシートと，ペアごとに6枚の絵カードを配付する。
2．ペア解決 C1　⑤→①→②→③→④→⑥のお話をつくる。 C2　⑤→①→②→④→③→⑥のお話をつくる。 C3　⑤→①→③→②→④→⑥のお話をつくる。 C4　⑤→①→③→④→②→⑥のお話をつくる。 C5　⑤→①→④→②→③→⑥のお話をつくる。 C6　⑤→①→④→③→②→⑥のお話をつくる。	◇隣どうしで，話し合いながら絵カードを並び替えてお話づくりをできたか。 　　　　　　　　　　　　　　＜対話的な学び＞
3．発表，話し合い T　つくったお話と最後に乗っていた人の数を発表しましょう。 　（C1～C6までが発表） T　それぞれのお話を式に表しましょう。 C1　5-4+2+2＝5 C2　5-4+2+2＝5 C3　5+2-4+2＝5 C4　5+2+2-4＝5 C5　5+2-4+2＝5 C6　5+2+2-4＝5 T　気づいたことはありますか。 C　どのお話も，式にすると違うのに，答えは同じになっています。 T　なぜ同じになっているのか隣の人と話し合ってみましょう。 C　どのお話，式も，乗ったのは4人，降りているのは合わせて4人で同じなので，同じ人数だし，最初の人数と同じになります。	○黒板掲示用の絵カードを使うか，実物投影機上の操作を電子黒板などに投影して，つくったお話を発表させる。 ◇発表されたお話について，式に表すことができたか。 ◇6つの式を見て，何かに気づき，発表できたか。 　　　　　　　　　　　　　　＜深い学び＞ ◇隣どうしで，なぜ同じになっているかを話し合い考え合えたか。　＜対話的な学び＞
4．まとめ，発展 T　いままでは3つの数のたし算，ひき算を勉強してきましたが，お話によってはもっと長くなることがわかりましたね。また，乗ったり降りたりする順番が違っていても，最後の人数は同じになることもわかりましたね。	○学習感想を書かせる。　　＜深い学び＞

54

1ねん　くみ　ばん　なまえ＿＿＿＿

がつ　にち　じかんめ

6まいの えを ならびかえて おはなしを つくりましょう。
さいしょは しゃこから きた ところなので だれも のって いません。
さいごに くるのは ⑥です。

【さいごに バスに のっている おきゃくさんは なん人ですか】

① まぶしいので カーテンを しめました。

② ひがし町で 4人 おりました。

③ にし町で 2人 のりました。

④ きた町で 2人 のりました。

⑤ さくら町で 5人 のりました。

⑥ おきゃくさんは なん人ですか。

〈気づいた ことを かきましょう〉

〈じゅぎょうの かんそうを かきましょう〉

1年
2年
3年

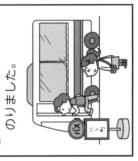

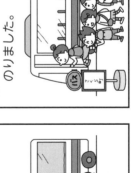

2年

1.「入っているお金は？」①

| 実施時期 | 「1000 より大きい数」のまとめ |

| 問題 | ちょ金ばこを　あけると，中に　3450 円　入って　いました。千円さつ，百円玉，十円玉だけが　入って　いたそうです。
　どの　お金が　何まいずつ　入って　いたでしょうか。いろいろ　考えて　みましょう。 |

めあて

主体的な学び 3450 という数を多様に表現できることに気づき，自ら調べようとする。

対話的な学び 表にまとめる際に，自分たちの答えを表のどこに置いたらよいか，あるいはどうしてそこに置いたのかを話し合うことを通して，順序よく整理することのよさなどに気づくことができる。

深い学び 表に表すことのよさやきまりを見つけることのよさについて理解を深めることができ，ほかの場合についても考えようとする。

1 教材について

(1) 1 つに限定されない答えがチャレンジ精神をくすぐる

　3450 という数の構成の表現の仕方を考えると，数を分解してとらえるという見方や10000 からひいてつくるという見方，ある数のいくつ分という単位の考えでとらえるという見方などがある。また，それぞれの見方においても，複数の表現方法がある。その表現方法を考えていく過程で，さまざまな表現方法を見つける楽しさを味わえた子どもは，「もっとほかにもあるのではないか。もっと見つけたい」というチャレンジ精神をくすぐられるに違いない。

　この教材のように，大きな数の仕組みを考えるときは，お金を扱った問題に置き換えると取り組みやすい。お金で扱うことで，それぞれの位が 10 ずつまとまれば次の位へ繰り上がり，位が 1 つ下がるごとにお金の枚数は 10 倍ずつ増えるということが理解しやすくなる。その結果，「もっといろいろな組み合わせを見つけたい」という意欲をもつようになる。

(2) 表にまとめるよさを実感できる

　２年生の子どもたちは，はじめのうちは手当たり次第にランダムに組み合わせを見つけようとする。しかし，このやり方では落ちや重なりが生じてしまう。この落ちや重なりに個人では気づかない子どもも，全体での発表の場において黒板に重なっている組み合わせに気づき，何とかよい方法はないものかと考えはじめる。そこで，教師が中心となって表にまとめていく。この活動を通して，表に整理するよさを味わわせる。ここで感得した「表に整理するよさ」は，数の組み合わせなどが多様に存在するときには，それらを表などに整理し，改めて考え直すというきわめて重要な問題解決力の１つを身につけることにつながり，今後の学習に生かすことができる。

　ここでは，千円札の数をそれぞれ３枚，２枚，１枚，０枚の場合として表にまとめる。千円札を百円玉に両替すると10枚になる。百円玉と十円玉の関係も同様である。

　千円札が３枚，２枚，１枚の場合を表にまとめると次のようになる。

＜千円札３枚の場合＞

お金	まい数				
千円さつ	3	3	3	3	3
百円玉	4	3	2	1	0
十円玉	5	15	25	35	45

＜千円札２枚の場合＞

お金	まい数													
千円さつ	2	2	2	2	2	2	2	2	2	2	2	2	2	2
百円玉	14	13	12	11	10	9	8	7	6	5	4	3	2	1	0
十円玉	5	15	25	35	45	55	65	75	85	95	105	115	125	135	145

＜千円札１枚の場合＞

お金	まい数																						
千円さつ	1	1	1	1	1	1	1	1	1	1	1	1	1	1	1	1	1	1	1	1	1	1	1
百円玉	24	23	22	21	20	19	18	17	16	15	14	13	12	11	10	9	8	7	6	5	4	3	2
十円玉	5	15	25	35	45	55	65	75	85	95	105	115	125	135	145	155	165	175	185	195	205	215	225

お金		
千円さつ	1	1
百円玉	1	0
十円玉	235	245

　表をよく見ると，百円玉が１枚ずつ減っていくと十円玉は10枚ずつ増えていくことがわかる。また，千円札が１枚減ると百円玉が10枚増えていくこともわかる。これらのことを整理していくと，千円札と百円玉の関係や百円玉と十円玉の関係，また千円札と十円玉の関係までもが見えてくる。この教材に取り組むことで，表を順に整理してみると手際よく答えを求めることができるばかりか，それぞれの間の関係もみえてくるよさを実感できる。

　このように，表に表すよさを感得する活動を通して，数の合成や分解，十進位取り記数法についての理解も自然と深めることができる。

2 展開例

(1) 問題把握

T　貯金箱に 3450 円入っています。千円札と百円玉と十円玉だけが入っていたそうです。千円札や百円玉が 0 枚という場合もあります。

　　どのお金が，それぞれ何枚入っているかを考えましょう。

C　千円札が 3 枚，百円玉が 4 枚，十円玉が 5 枚で 3450 円です。

C　ほかにもあります。千円札が 1 枚，百円玉が 24 枚，十円玉が 5 枚で 3450 円です。

T　まだありますか。

C　あります。千円札が 0 枚で，百円玉が 34 枚で，十円玉が 5 枚でも，3450 円になります。

T　いろいろな組み合わせがありそうですね。調べてみましょう。見つけた組み合わせは，次のように記録しておきましょう。

（ワークシートを配付する）

お金	まい数
千円さつ	
百円玉	
十円玉	

【主体的な学び】

　3450 円の組み合わせについて，すぐに「千円札が 3 枚，百円玉が 4 枚，十円玉が 5 枚」を思いつき，答えたがる子が多くいるであろう。この段階ですぐに個人解決に入ると，「千円札が 3 枚，百円玉が 4 枚，十円玉が 5 枚」と書いて終わりとする子どもが出てしまう。そこで，あえて「千円札が 3 枚，百円玉が 4 枚，十円玉が 5 枚」を発表させ，「みんな同じ？　ほかの組み合わせという人はいませんか？」と問いかけることで，「ほかにもあるのかも」「調べてみたい」という主体的な学びの意欲をもたせる。

(2) 個人解決

（カード見つけた組み合わせを書いていく）

C

お金	まい数
千円さつ	3
百円玉	4
十円玉	5

お金	まい数
千円さつ	3
百円玉	3
十円玉	15

お金	まい数
千円さつ	2
百円玉	14
十円玉	5

お金	まい数
千円さつ	0
百円玉	34
十円玉	5

(3) 発表，話し合い

┌─【対話的な学び】────────────────────────────
　自分が書いたカードを見せ合いながら発表したり話し合ったりする対話的な学びを通して，自然と見やすくなるようにどこに置いたらよいか，あるいはどうしてそこに置いたか話し合い，順序よく整理することのよさに気づいていく姿が生まれる。
└────────────────────────────────────

T　発表しましょう。

C　（見つけた組み合わせを発表する）

T　まず千円札３枚の場合の組み合わせをみてみましょう。何か気づきませんか。

お金	まい数				
千円さつ	3	3	3	3	3
百円玉	4	3	2	1	0
十円玉	5	15	25	35	45

　（千円札が２枚，１枚，０枚のときも同じように表に整理する）

C　百円玉が１枚減ると十円玉が10枚増えることが，一目でわかりました。

C　千円札と百円玉の間にも同じ関係があると思います。

　（実際に組み合わせを掲示し，確かめる）

C　千円札と十円玉の間には，千円札が１枚減ると十円玉が100枚増えるという関係があるということに気づきました。

　（実際に組み合わせを掲示し，確かめる）

(4) まとめ，発展

T　今日はどんなことを学習しましたか。

C　表を使って順序よく整理すると，簡単に答えが見つかることがわかりました。

C　表を使って整理すると，見えなかったものが見えてくることがわかったので，これからもいろいろな場面で表を使って考えていきたいと思います。

T　表に整理してみるよさがわかってよかったですね。表に整理すると関係が見えてくる場合があります。これからの学習にも活かしましょう。

C　貯金箱に入っているお金をもっと増やした場合についても調べてみたいです。

T　家での勉強で，自分で金額を決めて調べてみましょう。

┌─【深い学び】────────────────────────────
　授業を振り返る活動を取り入れることで，表に整理することにより，きまりを見いだせることのよさを再確認したり，貯金箱に入っている金額を変えた場合も考えてみたいという発展的な深い学びにつなげることができる。
└────────────────────────────────────

学 習 指 導 案

学 習 活 動	指導上の留意点（○）と評価（◇）
1. 問題把握 ちょ金ばこをあけると，中に3450円入っていました。千円さつ，百円玉，十円玉だけが入っていたそうです。 どのお金が何まいずつ入っていたでしょうか。いろいろ考えてみましょう。 T どんな組み合わせが考えられますか。 C 千円札が3枚，百円玉が4枚，十円玉が5枚です。 T ほかにもありそうですか。 C いろいろあると思います。 T 調べてみましょう。 **2. 個人解決** C1 （思いつくまま組み合わせを調べる） C2 （千円札の枚数だけを3枚，2枚，1枚，0枚の場合で区切り，百円玉，十円玉は思いつくまま調べる） C3 （千円札，百円玉，十円玉をそれぞれ順々に整理して調べる） C4 （C3のように調べていく過程できまりを見つけ，きまりに従って次々に見つける） **3. 発表，話し合い** ＜全体学習＞ T 千円札が1枚のときの組み合わせを発表しましょう。 T 何か気づくことはありませんか。 C 百円玉が1枚減ると十円玉が10枚増えることが一目でわかりました。 C 千円札と百円玉の間にも同じ関係があると思います。 C 千円札と十円玉の間には，千円札が1枚減ると十円玉が100枚増えるという関係があると思います。 **4. まとめ，発展** T 今日はどんなことを学習しましたか。 C 表を使って順序よく整理すると簡単に答えが見つかることがわかりました。 C これからもいろいろな場面で表を使って考えていきたいと思います。	○二千円札，五百円玉，五十円玉，五円玉，一円玉は使わないことを確認する。 ○ワークシートを配付する。 ○イメージがつかめない子どももいると思われるので，代表的な組み合わせをモデルとして発表させる。 ◇モデルや質問から，組み合わせが多様に存在するというイメージをもち，調べようとしているか。　　　＜主体的な学び＞ ○記入するカードを多数用意し，自由に持って行き書き込めるようにする。 ◇1つの組み合わせを見つけただけで満足せず，ほかの組み合わせも見つけようとしているか。　　　＜主体的な学び＞ ◇話し合いを通して，見やすいように整理して並び替えることができたか。 ◇いろいろな組み合わせの観察から何か気づくことがないかを考えようとできたか。 ○見つけた関係について，掲示された組み合わせから正しさを確かめさせる。 ◇気づいた関係を表をもとに言葉でわかりやすく説明できたか。　＜対話的な学び＞ ◇表をつくるよさ，きまりを見つけるよさを実感し，理解できたか。 ◇ほかの金額の場合も考えようとする発展的発想がもてたか。　＜深い学び＞

月　日　時間目　　2年　組　番　名前

ちょ金ばこを あけると、中に 3450円 入って いました。
千円さつ、百円玉、十円玉だけが 入って いたそうです。
どの お金が 何まいずつ 入って いたでしょうか。
いろいろ 考えて みましょう。

お金	まい数
千円さつ	
百円玉	
十円玉	

お金	まい数
千円さつ	
百円玉	
十円玉	

お金	まい数
千円さつ	
百円玉	
十円玉	

お金	まい数
千円さつ	
百円玉	
十円玉	

お金	まい数
千円さつ	
百円玉	
十円玉	

お金	まい数
千円さつ	
百円玉	
十円玉	

お金	まい数
千円さつ	
百円玉	
十円玉	

お金	まい数
千円さつ	
百円玉	
十円玉	

お金	まい数
千円さつ	
百円玉	
十円玉	

お金	まい数
千円さつ	
百円玉	
十円玉	

お金	まい数
千円さつ	
百円玉	
十円玉	

お金	まい数
千円さつ	
百円玉	
十円玉	

〈気づいた ことを 書きましょう〉

1年　2年　3年

2年

2.「答えが24になる九九は？」

実施時期　「かけ算」のまとめ

問題
答えが　24に　なる　かけ算九九の　しきを　見つけましょう。

めあて

主体的な学び　答えが24になるかけ算九九の式を多様に見つけようとする。

対話的な学び　答えが24になる多様なかけ算九九の式をペアなどで観察をしながら，話し合いを通して，「かけられる数」と「かける数」の関係に気づくことができる。

深い学び　答えが24になるかけ算九九の式から，3口のかけ算の式の存在に気づくことができる。
答えが24以外の場合においても，かけ算の式を見つけてみようとする。

1 教材について

(1) かけ算九九の計算処理力を確かなものとすることができる

計算の習熟をはかる学習では，練習問題をたくさん設定し，ひたすら計算練習させる指導が多い。この種の指導では，計算処理力を確かなものにするという期待がある一方で，主体的な学びが見られないという危険性もある。

そこで，この教材では，答えだけを示し，その答えになるかけ算九九の式を見つけるという逆の問題を設定した。答えにあてはまる式を見つけるという活動は，子どもにとっては斬新なものであり，主体的な学びが期待できる。

また，かけ算九九を習得したばかりの2年生という発達段階を考えると，「答えが24になるかけ算九九は？」と問われて反射的に式を答えるのは難しい。したがって，「答えが24になるかけ算九九の式を見つけよう」という目的のもとで，2の段から順に九九を言っていく。その過程で，かなりの量のかけ算九九の計算練習をすることとなり，自然な形で計算処理力を確かなものとすることもできる。

(2) 多様な式を見つける楽しさを味わうことができる

　この教材では，答えが 24 になる式が多様に存在するため，多様な式を見つける楽しさを味わわせることができ，主体的な学びが実現できる。答えにあたる数は，かけ算九九の式が多様に考えられるよう「24」に設定した。

```
3×8=24     4×6=24     6×4=24     8×3=24
```

(3) 見つけた多様な式から新たな発想を生み出すおもしろさを味わうことができる

　答えが 24 になる式は上記の 4 通りである。これらの式を観察しながらペアなどで話し合わせるという対話的な学びを通して，子どもたちからはさまざまな発見が発表される。

　「『かけられる数』と『かける数』を入れ替えても，答えは同じになる」

　かけ算の性質にあたる発見である。この発見が発表されると，子どもたちは九九表を取り出し，ほかのかけ算九九でも同じことがいえるかを確かめる。深い学びの姿である。

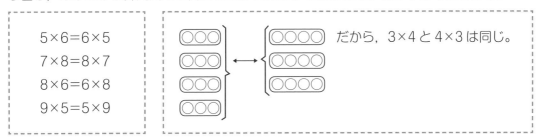

　「『かけられる数』と『かける数』を入れ替えても，答えは同じになる」という発見は，この確かめによりかけ算の性質として確かな知識となる。自分たちの発見が確かな知識へとつながることは，子どもたちに満足感をもたせることになり，今後の学習意欲につながる重要な経験となる。

　また，次のような発見をする子どもも出てくる。

　「かけ算九九を 2 回使ってもいいのですか。それなら，答えが 24 になる式がもっと見つかります」

```
3×8 → 3×4×2     4×6 → 4×3×2
```

　「かけ算九九を 2 回使ってもよい」という発想を広げる姿は，まさしく深い学びの姿である。この深い学びにより子どもたちは考える楽しさを満喫し，その経験は次なる学習での発想の広がりにつながっていく。

2 展開例

(1) 問題把握

T　昨日まで，かけ算九九の勉強をしてきました。今日の勉強は，昨日までとちょっと違います。答えが決まっていて，その答えになるかけ算の式を見つける問題です。

C　いつもと逆ですね。

T　そうです。たとえば，答えが4になるかけ算の式は見つかりますか。

C　2×2，1×4，4×1なら，答えは4です。

T　それでは，今度は答えが24になるかけ算の式を見つけましょう。

　　（ワークシート①を配付する）

─【主体的な学び】─────────────────────

　　2年生という発達段階を考えると，問題の意味の理解が不十分な子どもや答えを1つ見つければそれで終わりだと思う子どもが多いと考えられる。それだけに，「この問題は答えがいっぱいありそうだ」というイメージをもたせたり，「いろいろと考えてみるぞ」という主体的な学びへの意欲を高めたりすることが重要である。そこで，式が容易に見つかりそうな，答えが4になるかけ算九九の式を見つけるという問題を設定し，その問題を全体で解決することにより，問題の意味の理解をはかったうえで，「この問題は答えがいっぱいありそうだ，見つけよう」という主体的な学びにつなげる。

(2) 個人解決

C1　（2の段から九九を言っていき，答えが24になるかけ算九九を見つける）

C2　（答えが24になりそうなかけ算九九を勘を頼りに探す）

C3　（3×8，4×6を見つけたあと，今までの学習で何となく気づいていた「『かけられる数』と『かける数』を入れ替えても答えは同じかもしれない」という発想をもとに，8×3，6×4を見つける）

(3) 発表，話し合い

T　それでは，答えが24になるかけ算九九の式を発表しましょう。

C　3×8，4×6，6×4，8×3です。

T　答えが24になるかけ算九九の式は，4つあるようですね。4つの式を見て何か気づくことがないかを，隣の人と話し合ってみましょう。

┌─**【対話的な学び・深い学び】**─────────────────────

　ペアでの話し合いなどの対話的な学びを通して，「かけられる数」と「かける数」が入れ替わっても答えは変わらないことなどに気づく。また，子どもたちをよく観察すると，ほかの九九でもあてはまるかを調べはじめるという深い学びを見せるペアも現れる。なかには，同じ数字どうしをかけるかけ算の答えだけは，式の数は 1 個か 3 個で，ほかの場合は式の数は 2 個か 4 個になっていることに気づくというさらに深い学びをするペアも現れる。

──

C　「4×6」と「6×4」，「3×8」と「8×3」は，どちらも「かけられる数」と「かける数」を入れ替えた式になっています。

T　ということは，かけ算の場合，「かけられる数」と「かける数」を入れ替えても答えは同じということになりますか？

C　なると思います。だって，「2×3」も「3×2」も答えは両方とも「6」で同じです。

T　ほかのかけ算でも同じことがいえるか，九九表を見て確かめてみよう。

　（黒板に掲示用九九表を貼る。子どもにも教科書などにある九九表を見させる。ワークシート②を配付する）

C　どれも「かけられる数」と「かける数」を入れ替えても答えは同じになっています。

C　ほかにも気づいたことがあります。見つかる式の数は 2 こと 4 こになっています。

C　でも，4×4 のように同じ数どうしをかけるときは，見つかる式の数は 1 こか 3 こです。

T　本当にそうなっているか，確かめましょう。

C　質問があります。かけ算九九は 1 回しか使ってはいけないのですか。

T　どういう意味ですか。

C　たとえば「6×4」ならば，「6×2」の 2 つ分なので 「6×2×2」と同じになると思います。

┌─**【深い学び】**─────────────────────────────

　2 口（くち）のかけ算しか学習していないが，図などをもとに話し合いながら考えていくなかで，3 口のかけ算の存在に気づいていくという深い学びにつながる。

──

(4) まとめ，発展

T　答えが 24 になるかけ算九九の式はいろいろありましたが，それらの間には「かけられる数」と「かける数」を入れ替えても答えは変わらないことが発見できました。また，答えになるかけ算の式の数にもきまりがあることが発見できました。また，「×」という記号が 2 つつくかけ算の式も見つけられました。ほかにもかけ算にはきまりがないか，また調べてみましょう。

学 習 指 導 案

学　習　活　動	指導上の留意点（○）と評価（◇）
1. 問題把握 T　今日は答えが決まっていて，その答えになるかけ算の式を見つける問題です。 T　たとえば，答えが4になるかけ算の式は見つかりますか。 C　2×2，1×4，4×1です。 T　それでは，今度は答えが24になるかけ算の式を見つけましょう。	○問題の意味が理解できたか。 ○ワークシート①を配付する。
2. 個人解決 C1　（2の段から九九を言っていき，答えが24になるかけ算九九を見つける） C2　（答えが24になりそうなかけ算九九を勘を頼りに探す） C3　（3×8，4×6を見つけたあと，8×3，6×4を見つける）	○1つの式を見つけて満足している子どもには「ほかにも見つけている子がいるよ」と投げかけ，もっと考えてみようという意欲をもたせる。 ◇答えとなる式を多様に見つけようとしたか。　　　　　　　　　　**＜主体的な学び＞**
3. 発表，話し合い T　見つけた式を発表しましょう。 C　3×8，4×6，6×4，8×3です。 T　何か気づくことはありませんか。隣の人と話し合いましょう。 C　4×6と6×4，3×8と8×3は「かけられる数」と「かける数」を入れ替えた式です。 T　かけられる数とかける数を入れ替えても答えは同じになりそうですか。 C　どれもなります。 C　ほかにも気づいたことがあります。ほかの数でも調べたのですが，式の数は2こか4こでした。 C　質問があります。「×」の記号を2回使ってもいいですか。たとえば6×4なら，6×2の2つ分なので6×2×2と同じになります。 C　それならほかにもできそうです。	○発表された4つの式を観察する時間を十分に確保する。実態に応じて，隣どうしなどで考え合わせる場を設定する。　　　　　　　　　　**＜対話的な学び＞** ◇4つの式の観察を通して，自分なりの気づきをもてたか。 ◇発表を聞いて，発表された気づきを理解できたか。　　　　　　　**＜深い学び＞** ○ワークシート②を配付する。 ○気づきを全体で確かめさせる。 ○発表された新たな視点について理解できているかを隣どうしで話し合わせ，確認させる。　　　　　　　**＜対話的な学び＞**
4. まとめ，発展 T　「かけられる数」と「かける数」を入れ替えても答えは変わらないというきまりがあることがわかりました。また，「×」の記号が2つつく式ができることもわかりました。 　　ほかにもかけ算にはきまりなどがないか，また調べてみましょう。	○学習感想を書かせる。　　**＜深い学び＞**

《ワークシート②》 2年　　組　　番　名前

月　日　時間目

[あたらしく 見つけた しきを 書きましょう]

〈じゅぎょうの かんそうを 書きましょう〉

《ワークシート①》 2年　　組　　番　名前

月　日　時間目

答えが **24** に なる かけ算九九の しきを 見つけましょう。

〈気づいた ことを 書きましょう〉

2年 3.「いくつあるかな？」

実施時期 「1000までの数」の導入

| 問題 | ふくろの 中に 同じ 大きさの つみ木が 入って います。つみ木は ぜんぶで いくつ ありますか。 いくつ あるか わかるように ならべましょう。 |

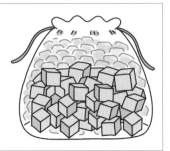

めあて

主体的な学び たくさんある立方体の積み木の数の数え方，並べ方を意欲的に考えることができる。

対話的な学び たくさんある立方体の積み木の数をどうやったら簡単に数えることができるか，どう並べたらわかりやすいかについて，グループで話し合い考え合う。

深い学び たくさんある立方体の積み木の数を簡単に確実に数えるには，まず10個を並べ，あとはそれに合わせてそろえるように並べていけば，数えやすいことに気づく。

1 教材について

(1) たくさんある立方体の積み木を実際に操作しながら考えることで思考力が育つ

　教科書などでは，たくさんかかれている魚などの数を数える問題が設定されている。しかもその多くは，10ずつに囲みが見えるように配置されている。この場合，確かに子どもは迷うことなく，それも数えなくても囲みを入れることができ，あとはそれを数えれば答えを求めることができる。しかし，正しい答えを求めることができても，ここで育てるべき思考力の育成は難しい。

　その点，この教材では，数多くの立方体の積み木を配付し，実際に操作しながら「どうやったら数えやすいか」「どうやったらいくつあるかが一目でわかるか」を試行錯誤しながら主体的に考える。この思考力の育成，そして主体的に学ぶ力の育成をダイレクトにねらっているところがこの教材の特徴である。

(2) 話し合い考え合いながらより効率的な数え方を追求することができる

　この教材の場合、「いくつあるか」という答え自体はもちろんめあての1つである。しかし、数え方、並べ方には多様性がある。そこを、グループで話し合いながら考え合っていくという対話的な学びの姿が見られるところがこの教材のポイントである。

　子どもたちは、まず10個ずつ数えて1まとまりずつにしていき、全部を調べ終わったあとに、10、20、30、……と再度数えていくという方法をとる。

　しばらくすると、1まとまりが本当に10個あるかがわかるように、5個×2と並べるグループも現れる。話し合い考え合いにより協同問題解決能力が育つ姿である。

　しかし、これらの数え方は、並べ終わったあとにいくつあったかがわかりやすいという点では優れているが、結局のところすべての積み木の数を1つ1つ数えていることに変わりはない。

　さらにしばらくすると、今度はまず10個を筆箱などでずれないように工夫して一列に並べ、あとはそれにつなげるように2列目、3列目、……と並べていき、最後に10、20、30と数えていくグループが現れる。この数え方の場合、最初の10個については1つ1つ数えるが、それ以降は10個、20個、30個と数えていくだけでよいため、非常に簡単な数え方である。この簡単で数え間違えのない数え方を話し合い考え合いながらたどりつける学びが深い学びの姿である。

2 展開例

(1) 問題把握

T （袋の中にある，たくさんの小さな立方体の積み木を見せながら）

　　この袋の中に入っている積み木の数は，いくつくらいあると思いますか。

C （直感で答える）

T 実際にいくつあるかをグループで協力して考え合いながら調べましょう。そのとき，

　　あとでいくつあるかがほかの人が見てもわかるように数えて並べましょう。

　　（グループごとに同じ数の小さな立方体の積み木が入っている袋を配付する）

　　（ワークシートを配付する）

――【主体的な学び】――

　　まず，袋の中にある積み木の数を想像する活動自体に，子どもの考えてみたいという主体性が喚起される。

　　さらに，教科書やプリントやパソコンの画面上ではなく，実際に具体物を手に，試行錯誤しながら考えていくという活動も，子どもたちの主体性が喚起される。

(2) グループ解決

C （グループで分担して10個ずつ数えていく。しかし，途中でいくつだったかわからなくなる）

C （グループで分担して10個ずつ数え，それを1まとまりとする）

C （グループで分担して10個ずつ数え，その1まとまりが間違いなく10個あることがわかるように，5個×2列に並べる）

C （まず10個を，ずれないように筆箱などを壁のように利用して並べ，そこにつなげるように次の10個，また10個と並べていく）

――【対話的な学び】――

　　数える小さな立方体の積み木の数は250個程度である。この数を1人で数えるのは困難である。それだけに対話的な学びを通して協力しながら数えるという協同問題解決活動が生まれる。最初は，担当することになった積み木の数をそれぞれが数えていくが，途中でわからなくなっていく場合もあるだけに，アイデアを出し合いながら数えはじめる。ここが対話的な学びのスタートである。そのなかで，10個ずつのまとまりをつくる，10個とわかるように並べる，最初の10個だけ数えればあとは数えなくてもよい方法を見つける，というように対話的な学びを通して深い学びへとつながっていく。

(3) 発表，話し合い

T どのような数え方，並べ方がありましたか。発表しましょう。

C 私たちは10こずつ数えて，それを1まとまりに置くようにしました。すると，10，20，30というようにいくつあるかわかりました。

T 意見はありますか。

C 確かにいくつあるかわかると思いますが，1つのまとまりに必ず10個あるかが見ている側からはわからないと思います。

C 私たちは，10こずつ数えたあとに，それを5個ずつ2列に並べました。

T なぜそのようにしたのですか。

C 私たちも数えやすいですし，見ている人も1まとまりが10こあるとわかると思ったからです。

T 別の調べ方をした人もいますか。発表してください。

C 私たちは，まず10個を数えて並べました。そのときに筆箱を壁のようにして，そこにつけるように並べました。

T 説明をそこでストップしましょう。さて，その続きをどうしたと思うかを隣どうしで話し合ってみましょう。

┌─【対話的な学び】
│ ここでは，あるテーマについて話し合い考え合うという形の対話的な学びを行う。途中まで発表させ，聞いている側は，その先をどう考えたのかを推測し，話し合い考え合うことが対話的な学びである。この対話的な学びでは，発表する側だけでなく，聞いている側も主体的に取り組むことができる。
└─────────────────────

T それでは，続きを発表してもらいましょう。

C （実物投影機などで操作しながら説明する。操作の様子は電子黒板があれば電子黒板に映す）

　　最初に10個の列をつくったら，あとはそれにつなげるように並べていきます。

C その数え方だと，あとは10個，10個と数えなくていいので楽だと思います。

T そうですね。10個ずつまとめることが大事ですが，数えるのは最初の10個だけですむというところがいいですね。

┌─【深い学び】
│ 単に何個あるかを求められればよしとするのではなく，「見ている側にもわかる」という視点，さらに「いかに簡単に正確に数えるか」という視点までもたせるところが，この授業における深い学びである。
└─────────────────────

学 習 指 導 案

学　習　活　動	指導上の留意点（○）と評価（◇）
1. 問題把握 T　（小さい立方体の積み木がたくさん入っている袋を見せて）この中には積み木がいくつ入っているでしょう。 C　（思いつくまま予想を言う） T　それでは，グループで協力して調べましょう。いくつあるかが，ほかの人が見てもわかるようにしましょう。	○透明のビニール袋に小さい立方体の積み木を同じ数ずつ（250個ぐらい）入れたものをグループ分用意する。 ○予想を自由に言わせることで，意欲を喚起する。　　　　　　　　**＜主体的な学び＞** ○ワークシートを配付する。
2. グループ解決 ①（分担して数えて合計する） ②（分担して10個ずつのまとまりをつくる） ③（分担して5個×2列のまとまりをつくる） ④（10個を1列に筆箱を背に並べ，そこにつけるように残りを並べる）	○A3程度の紙を積み木が入ったビニール袋とともにグループごとに配付し，その上で並べて数えさせる。必要なことをマジックで記入させる。　　　**＜対話的な学び＞**
3. 発表，話し合い 　（①グループが発表） T　意見はありませんか。 C　同じことをしたのですが，途中でいくつまで数えたかわからなくなりました。 　（②グループが発表） T　意見はありませんか。 C　まとまりが必ず10個かがわかりません。 　（③グループが発表） T　意見はありませんか。 C　1まとまりが10個あることがわかっていいと思います。 　（④グループの発表の途中で止める） T　1列つくったあと，どうすると思いますか。隣どうしで話し合ってみましょう。 　（ペア学習） C　このやり方だと，数えるのは最初の10個だけですむので数えるほうも見るほうもいいと思います。	○実物投影機上で実際に操作しながら発表させる。その様子を電子黒板があれば電子黒板に映す。 ◇発表された数え方に対して意見を言ったり，よいところを見つけたりできたか。 　　　**＜主体的な学び・対話的な学び＞** ○発表の途中で止め，その先を隣どうしで話し合わせる。　　　**＜対話的な学び＞**
4. まとめ，発展 T　10をつくるとわかりやすいことがわかりましたね。そのうえ，最初につくった10個にあわせてそろえて並べると，さらに数えやすいことがわかりましたね。	○10ずつにまとめるよさを，数える側，見る側両方の観点からまとめる。 ○学習感想を書かせる。　　**＜深い学び＞**

月　日　時間目　　　　　　　　　　　　　　　2年　組　番　名前

ふくろの 中に 同じ 大きさの つみ木が 入って います。つみ木は ぜんぶで いくつ ありますか。いくつ あるか わかるように ならべましょう。

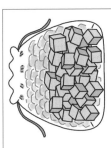

【グループで 話し合った ことを 書きましょう】

【友だちの はっぴょうで よかった ところを 書きましょう】

〈じゅぎょうの かんそうを 書きましょう〉

2年 4.「いろいろな形をつくろう」

実施時期 「三角形と四角形」のまとめ

問題
点と 点を 直線で つないで，右の 正方形を 正方形，長方形，直角三角形に 分けましょう。
　正方形，長方形，直角三角形は，それぞれ いくつ あっても かまいません。ただし，正方形，長方形，直角三角形は，それぞれ かならず 1つは 入って いるように します。

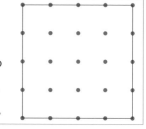

めあて

主体的な学び 点と点を結んで正方形，長方形，直角三角形の3種類の図形のつくり方を多様に考えようとする。

対話的な学び 友だちとピースを交換し，シルエット図に合うようにピースをどのように敷き詰めればよいかを話し合いながら取り組む。

深い学び 三角形の数は必ず2の倍数になることに気づき，理由を考え，理解できる。

1 教材について

(1) 多様な図形に分割するおもしろさを味わうことができる

　もとの正方形を，図形の性質をおさえたうえで正方形，長方形，直角三角形に分ける問題である。子どもたちは，ランダムに線をひきながら，いろいろな分け方を考える活動におもしろさを感じる。最初のうちに考え出す分け方は，次のように正方形，長方形を見慣れた向きに位置づけたものである。

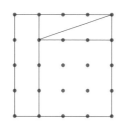 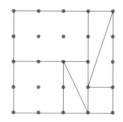 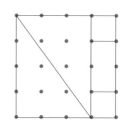

　そのうち，視点を変え，斜めの線の活用を思いつく。正方形，長方形を点と点を斜めに結んでつくるという発想ができると，分け方はさらに広がり，つくるおもしろさは倍増する。ここで，さらに主体的な学びが実現できる。

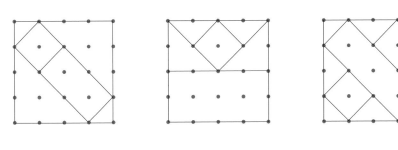

(2) 自分だけの敷き詰めシルエット図をつくるおもしろさを味わうことができる

　今回の授業では，まず，もとの正方形を正方形，長方形，直角三角形に分けたあと，切り取ってピースをつくらせる。次にこのピースを組み合わせて自分オリジナルのシルエット図をつくる。この創造的思考が，子どもの主体的な学びを生む。

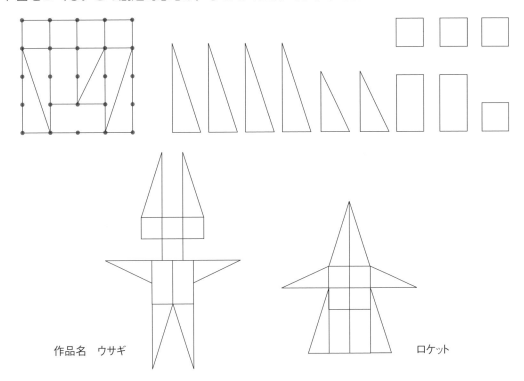

作品名　ウサギ　　　　　　　　　　　　　　　　　　　ロケット

(3) 友だちがつくったシルエット図への敷き詰め方を，話し合いながら考えるおもしろさを味わうことができる

　ピースとシルエット図を交換したあと，友だちと話し合いながら敷き詰めをする。シルエット図にはピースとピースの境目がないため，子どもたちは創造力を働かせながら敷き詰め合戦に取り組む。どのピースがどこにくるかを話し合いながら試行錯誤する活動は，子どもにとって楽しいだけではなく，図形感覚などさまざまな学力，さらには対話的に学ぶ力などの育成に結びつく大切な活動である。

2 展開例

(1) 問題把握

T この正方形に直線を1本ひくとどんな図形ができますか。ただし，直線は点と点を結ぶようにひきます。

C 長方形が2つできます。

C 直角三角形が2つできます。

C 直角三角形と四角形ができます。

T この正方形の辺の上や図形の中にある点と点を結ぶように直線をひいて，もとの正方形を，正方形，長方形，直角三角形に分けます。正方形，長方形，直角三角形はいくつできてもかまいませんが，少なくても1つずつはなくてはいけません。

たとえば，①は正方形がつくれていませんから正しいとはいえません。ま

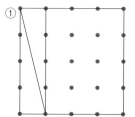
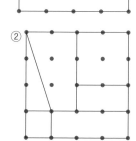

た，②は正方形，長方形，直角三角形以外の図形ができているので正しいとはいえません。

【主体的な学び】

問題設定の段階で，まずは1本の直線をひくことを想定させ，そのときにできる図形を考えさせる。このことが，いろいろな分け方ができるというオープン性に向けてのイメージをもたせ，「いろいろなつくり方を見つけよう」という主体的に学ぶ姿が見られる。

(2) 個人解決

（ワークシート①を配付する）

C （適当に点と点を結び，うまく正方形，長方形，直角三角形ができるように修正していく）

C （正方形，長方形，直角三角形の数がなるべく少なくなるよう直線をひく）

C （正方形，長方形，直角三角形の数がなるべく多くなるよう直線をひく）

(3) 発表

T 作品をグループで発表し合って，正方形，長方形，直角三角形がそれぞれ少なくとも1つは入っているかを確かめましょう。

C 直角三角形の数は必ず2つ，4つというようになっています。それも同じ大きさ，形がセットであります。

┌─【深い学び】
　　もとが正方形なので，三角形を入れるとその数は必ず2の倍数になる。その理由を考え，
わかりやすい言葉で説明することを求めるのは2年生には難しいが，いろいろな図を見
て，共通点に気づくことは，深い学びに向けての素地づくりといえる。
└─────────────────────────────

(4) まとめ，発展

T　これから，皆さんがつくった作品を使ってパズルをやります。まず，作品のうち1つ
　　を選んで，はさみで切り取ります。次に，白い紙の上に切り取った図形を重ならないよ
　　うに組み合わせて好きな形をつくり，周りを鉛筆でなぞります。それができたら，ほか
　　のグループと切り取った図形と組み合わせた図をなぞった紙を交換し合って，切り取っ
　　た図形をなぞった形にはめ込むというパズルです。
　　（ワークシート②を配付する）

T　それでは，まずつくった作品のうちどれをパズルに使うかを決めましょう。

C　（自分のワークシートから，パズルに使う図を決める）

T　切り取って，正方形，長方形，直角三角形に分けましょう。

C　（切り取って，正方形，長方形，直角三角形に分ける）

T　（白い紙を配付する）白い紙の上に切り取った図形を重ならないように並べて気に入っ
　　た形をつくりましょう。

C　（好きな形をつくる）

T　形ができたら，周りを鉛筆でなぞりましょう。

C　（鉛筆でなぞる）

T　ピースとシルエット図をほかのグループと交換し合いましょう。

C　（シルエット図，図形を交換し合う）

T　それでは，隣の子と話し合いながら協力して，シルエット図にピースをはめこんでみ
　　ましょう。

┌─【対話的な学び】
　　友だちがつくったシルエット図にピースをはめこむという作業は1人でもできるが，
2人で話し合いながら試行錯誤して取り組んだほうが楽しい。自分の考えを発表する，
聞くという形ではなく，0から話し合いながら考え合うという活動は，まさしく対話的
に学ぶ活動であり，協同問題解決能力の育成につながる。
└─────────────────────────────

T　はめ込み終わったら，ほかの子と交換し合ってやってみましょう。

学 習 指 導 案

学 習 活 動	指導上の留意点（○）と評価（◇）
1. 問題把握 T　この正方形の辺の上や図形の中にある点と点を結ぶように直線をひいて，もとの正方形を，正方形，長方形，直角三角形に分けます。正方形，長方形，直角三角形はいくつできてもかまいませんが，少なくても1つずつはなくてはいけません。 **2. 個人解決** C1　（適当に点と点を結び，うまく正方形，長方形，直角三角形ができるように修正していく） C2　（正方形，長方形，直角三角形の数がなるべく少なくなるよう直線をひく） C3　（正方形，長方形，直角三角形の数がなるべく多くなるよう直線をひく） **3. 発表** T　作品をグループの中で発表し合いましょう。 **4. まとめ，発展** T　これから，皆さんがつくった作品を使ってパズルをやります。まず，作品のうち1つを選んで，はさみで切り取ります。次に，白い紙の上に切り取った図形を重ならないように組み合わせて好きな形をつくり，周りを鉛筆でなぞります。できたら，ほかのグループと切り取った図形と組み合わせた図をなぞった紙を交換し合い，隣の子と協力しながら切り取った図形をなぞった形にはめ込むというパズルです。 　それでは，まずつくった作品のうちどれをパズルに使うかを決め，切り取って，正方形，長方形，直角三角形に分けましょう。 　白い紙の上に切り取った図形を重ならないように並べ，気に入った形をつくりましょう。 　形ができたら，周りを鉛筆でなぞりましょう。 　ほかのグループと交換したら，隣の子と協力してはめ込みましょう。 　はめ込み終わったら，ほかの子と交換し合ってやってみましょう。	○問題の意味の理解をはかるために，「1本直線をひくとどんな図形に分けられるか」を考えさせたり，正しくない例を見せたりする。 ○ワークシート①を配付する。（多めに用意し，自由に使わせる） ○定規でしっかりと線を引かせる。定規による直線の作図ができない子どもが多く見られたときには，作業を中断させて改めて指導する。 ◇多様な分け方をしようとし，実際にできたか。　　　　　　　　　＜主体的な学び＞ ○グループで作品を発表し合い，正しく作図できているかを確かめ合わせる。 　　　　　　　　　　　　＜対話的な学び＞ ◇三角形が2の倍数あることに気づけるか。 　　　　　　　　　　　　　＜深い学び＞ ○ワークシート②を配付する。 ○シルエット図への写し取り方のイメージがわいていない子には，実演してみせ，理解させる。 ○はさみで切り取らせる。 ○シルエット図用の白い紙を配付する。 ○シルエット図をつくり，鉛筆でなぞる。 ○シルエット図，図形を交換し合いパズルをする。 ◇敷き詰め活動を隣の子と協力して話し合いながら考えて楽しく取り組めたか。 　　　　　　　　　　　　＜対話的な学び＞

右ページ

月　日　時間目

《ワークシート②》 2年　組　番　名前

[しきつめパズル図を つくりましょう]

〈べん強を して の かんそうを 書きましょう〉

左ページ

月　日　時間目

《ワークシート①》 2年　組　番　名前

点と 点を 直線で つないで、右の
正方形を 正方形、長方形、直角三角形に
分けましょう。

正方形、長方形、直角三角形は、それぞれ
いくつ あっても かまいません。ただし、
正方形、長方形、直角三角形は、それぞれ
かならず 1つは 入って いるように します。

1年
2年
3年

2年 5.「どんな図形ができるかな？」

実施時期 「三角形と四角形」のまとめ

問題

【もんだい①】
　三角形に　1本の　直線を　ひいて　2つの　図形に　分けます。何と　いう図形が　できるでしょう。

【もんだい②】
　四角形に　1本の　直線を　ひいて　2つの　図形に　分けます。何と　いう図形が　できるでしょう。

めあて

主体的な学び　三角形，四角形に直線をひいたときにできる図形は多様に考えられることに気づき，自ら調べようとする。

対話的な学び　三角形，四角形に直線をひいたときにできる図形についてペアで話し合い考え合うことができる。

深い学び　三角形に直線をひいたときにできる図形は，直線のひき方によって異なることに気づき，関係を理解する。
　三角形のときの直線のひき方とできる図形の関係から，四角形のときの直線のひき方とできる図形を考えようとする。

1 教材について

(1) 直線のひき方によってできる図形が異なるというおもしろさがある

　三角形に1本の直線をひいて2つの図形に分ける活動は，典型的な作業的活動であり，子どもたちは楽しく主体的に取り組むであろう。しかし，子どもたちが本物の考える楽しさを味わうのは，この段階ではない。子どもたちは，作業を進めているうちに，直線のひき方によってできる図形が異なることに気づく。この気づきの段階で，子どもたちは本物の考える楽しさを味わうという深い学びを満喫する。

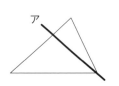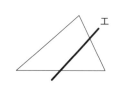

頂点と辺を結ぶように直線をひくと，できる図形は両方とも三角形である。これに対して辺と辺を結ぶように直線をひくと，三角形と四角形ができる。直線のひき方によってできる図が異なることへの発見は，子どもたちにとってきわめて楽しい発見である。

　この段階で，もう１つ重要な活動が求められる。アとイ，ウとエはひいた直線の位置，向きは異なるが，アとイの場合なら「頂点と辺を結ぶ」，ウとエの場合なら「辺と辺を結ぶ」というようにグループ分けをする活動である。このように観点ごとにグループ分けする力は，今後の学習において多いに役立つ重要な力であり，本時で育成をめざす力のひとつである。

(2) 三角形での場合をもとに四角形の場合を発展的に考えることができる

　三角形の場合は，ひく直線が「頂点と辺を結ぶ」と「辺と辺を結ぶ」場合でできる図形が異なった。ここで学習を終えずに，「それなら四角形の場合は？」と発展させるところが，本時のポイントである。

　四角形の場合，三角形の場合の「頂点と辺を結ぶ」「辺と辺を結ぶ」以外に「頂点と頂点を結ぶ」というひき方ができる。そのうえ，「辺と辺を結ぶ」というひき方にも２種類（隣り合う２辺を結ぶ，向かい合う２辺を結ぶ）のひき方ができる。

「頂点と辺を結ぶひき方」　　　　　　　　　　「頂点と頂点を結ぶひき方」

「辺と辺を結ぶひき方」

　子どもたちは，三角形，四角形と，ひいた直線によってできる図形を考えると，自然に五角形も調べてみたいという思いを抱く。（「五角形」という図形自体は２年生で学習する内容ではないが，四角形に直線をひくと五角形ができるため，子どもたちは自然と「五角形」という用語を用いて表現する。教えられたものを理解し知識とするより，自然と考えつき用い表現していくなかで身につけた知識のほうが確かな知識となることは言うまでもない。このような本物の学び方を体感できることも，この教材のよさである。）

　ちなみに，五角形の場合は次のようになる。

　「頂点と辺を結ぶひき方」・・・・三角形と五角形，四角形と四角形

　「頂点と頂点を結ぶひき方」・・・三角形と四角形

　「辺と辺を結ぶひき方」・・・・・三角形と六角形，四角形と五角形

81

2 展開例

(1) 問題把握①

T （黒板に三角形をかく）

　この三角形に1本直線をひくと2つの図形ができます。何という図形ができると思いますか。隣の人と話し合いながら考えてみましょう。

> 【対話的な学び】
>
> 　いきなりワークシートを配付し，個人解決に取り組ませるのではなく，ペアなどの少人数で考え合うという対話的な学びを取り入れる。その際，フリーハンドで作図しながら考え合うグループがいた場合には，全体に紹介し，話し合い方，考え合い方を学ばせる。このアイデアを出し合い考え合う活動は，社会で求められるチーム力の育成につながる。

C　三角形と三角形ができると思います。
C　三角形と四角形ができると思います。
T　それでは，実際に三角形に直線を1本ひいてできる2つの図形を調べてみましょう。
　（ワークシート①を配付する）

> 【主体的な学び】
>
> 　「問題の提示→個人解決」と機械的に展開するのではなく，じっくりと問題設定したり，そのあとにペアなどの少人数での話し合いを入れたりすることで，子どもの心を揺さぶる。ワークシートには三角形がいくつもかかれているため，「いろいろな線のひき方がありそう」「いろいろな形ができそう」などの学びへの関心・意欲をもち，「調べてみたい」という主体的な学びを生む。

(2) 個人解決①

C　三角形と三角形ができる。　　　　　　　C　三角形と四角形ができる。

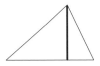  

(3) 発表，話し合い①

T　どのような図形ができましたか。
C　三角形が2つができました。
C　三角形と四角形ができました。
T　それぞれを見て，何か気づくことはありませんか。

C 三角形と三角形ができる場合は,どれも頂点と辺を結ぶように直線をひいてあります。
C 三角形と四角形ができる場合は,どれも辺と辺を結ぶように直線をひいてあります。
T そうですね。できる図形が同じ場合は,どれも直線のひき方に同じ特徴がありますね。

(4) 問題把握②
T 今度は四角形について調べてみましょう。どんな図形ができるでしょう。
C 四角形と四角形ができると思います。
C 三角形と四角形ができると思います。

【深い学び】
　三角形を調べて学習を終結させるのではなく,続けて四角形についても調べるよう投げかける。このことにより,学習した内容を活用して考えようとしたり発展的に考えたりしようとする力の育成をする深い学びが実現できる。

T それでは,実際に調べてみましょう。(ワークシート②を配付する)

(5) 個人解決②
C （三角形と三角形ができる）　　　　　　C （三角形と四角形ができる）

C （四角形と四角形ができる）　　　　　　C （三角形と五角形ができる）

(6) 発表,話し合い②
T 四角形の場合には,三角形と三角形,三角形と四角形,四角形と四角形,三角形と頂点・辺が5つある図形ができる場合があるようですね。頂点,辺がそれぞれ5個ある図形のことを五角形といいます。
C 三角形と三角形ができる場合は,どれも頂点と頂点を結ぶ直線がひいてあります。
C 三角形と四角形ができる場合は,どれも頂点と辺を結ぶ直線がひいてあります。
C 四角形と四角形ができる場合は,どれも辺と辺を結ぶ直線がひいてあります。
C 三角形と五角形ができる場合は,どれも辺と辺を結ぶ直線がひいてあります。
T どことどこを結ぶ直線をひくかでできる図形が決まってきますね。今度時間があったら五角形について調べてみましょう。

学 習 指 導 案

学 習 活 動	指導上の留意点（○）と評価（◇）
1. 問題把握① T　三角形に1本の直線をひいて2つの図形に分けると何という図形ができるでしょう。 C　（予想を発表する） **2. 個人解決①** C1　（三角形と三角形ができる） C2　（三角形と四角形ができる） **3. 発表，話し合い①** T　何か気づくことはありませんか。 C　三角形と三角形ができる場合は，頂点と辺を結ぶように直線をひいてあります。 C　三角形と四角形ができる場合は，辺と辺を結ぶように直線をひいてあります。 **4. 問題把握②** T　今度は四角形について調べます。何という図形ができると思いますか。 C　（予想を発表する） T　実際に四角形に直線を1本ひいてできる2つの図形を調べてみましょう。 **5. 個人解決②** C　（三角形と三角形ができる） C　（三角形と四角形ができる） C　（四角形と四角形ができる） C　（三角形と五角形ができる） **6. 発表，話し合い②** T　気づいたことを発表しましょう。 C　三角形と三角形ができる場合は，どれも頂点と頂点を結ぶ直線がひいてあります。 C　三角形と四角形ができる場合は，どれも頂点と辺を結ぶ直線がひいてあります。 C　四角形と四角形ができる場合は，どれも辺と辺を結ぶ直線がひいてあります。 C　三角形と五角形ができる場合は，どれも辺と辺を結ぶ直線がひいてあります。 **7. まとめ，発展** T　どことどこを結ぶ直線をひくかでできる図形が決まってきますね。今度時間があったら五角形について調べてみましょう。	○隣どうしで予想を話し合わせる。 **＜対話的な学び＞** ◇長方形，正方形以外の四角形も四角形として認めることができたか。 ○ワークシート①を配付する。 ◇作図が正確にでき，できた図形が何という図形かを判別できたか。 ◇多様に考えようとできたか。 **＜主体的な学び＞** ○できる図形が同じ場合は，直線のひき方に特徴があることに気づかせ，理解させる。 **＜深い学び＞** ○隣どうしで予想を話し合わせる。 **＜対話的な学び＞** ○ワークシート②を配付する。 ○「五角形」という用語については，本時のどこかでふれ，理解させる。 ◇多様に考えようとできたか。 **＜主体的な学び＞** ○全体で発表させる。　**＜対話的な学び＞** ○できる図形が同じ場合は，直線のひき方に特徴があることに気づかせ，理解させる。 **＜深い学び＞**

84

《ワークシート①》 2年

月　日　時間目

組　番　名前

三角形に 1本の 直線を ひいて
2つの 図形に 分けます。
何と いう 図形が できるでしょう。

[何と いう 図形が できそうか，よそうを 書きましょう]

[じっさいに しらべましょう。]

〈気づいたこと わかったことを 書きましょう〉

《ワークシート②》 2年

月　日　時間目

組　番　名前

四角形に 1本の 直線を ひいて
2つの 図形に 分けます。
何と いう 図形が できるでしょう。

[何と いう 図形が できそうか，よそうを 書きましょう]

[じっさいに しらべましょう。]

〈気づいたこと わかったことを 書きましょう〉

1年
2年
3年

2年

6.「どれが大きいかな？」

実施時期 「分数」の導入

問題 正方形の おり紙を 半分，さらに 半分に おって できた 3しゅるいの 形が あります。どれが いちばん 大きいでしょうか。大きさを くらべましょう。

めあて

主体的な学び 正方形の折り紙を半分，さらに半分に折ったときにできる，多様な形の大きさ比べに対して進んで取り組むことができる。

対話的な学び 3種類の形の大きさ比べについて，ペアなどで話し合いをしながら考え合うことができる。

深い学び 形は違うがどれも同じ大きさであることを，もとの大きさが等しいものを半分，そして半分にしたのだから，どれも同じ大きさという理由が説明できる。

1 教材について

(1) 円の形をした折り紙と正方形の形をした折り紙では異なる

半分，さらに半分に折る場合，円の形をした折り紙ではどう折っても同じ形になる。

ところが，正方形の折り紙では，3種類の形ができる。

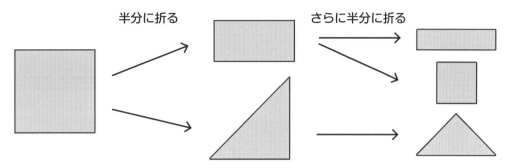

　この三つの形の大きさ比べをすると，直感では直角三角形がいちばん大きく見える。この錯覚が子どもの主体的な学びを誘発する。これがこの教材の特徴である。

(2) 大きさが違うと見えた3つの形の大きさは実は同じ大きさである

　面積が未習の2年生にとって，大きさ比べは基本的に直接比較になる。しかし，長さのように片方の端をそろえればよい，というわけにはいかない。そこで子どもたちは話し合いのなかで知恵を出し合い，切って動かすことで直接に比べられることに気がつく。この経験が4年生以降の面積の学習で求められる等積変形の考えの素地となる。このように，対話的な学びを通して今後の学習で求められる見方，考え方の素地を培うという深い学びまでつなげられるところが，この教材の特徴である。

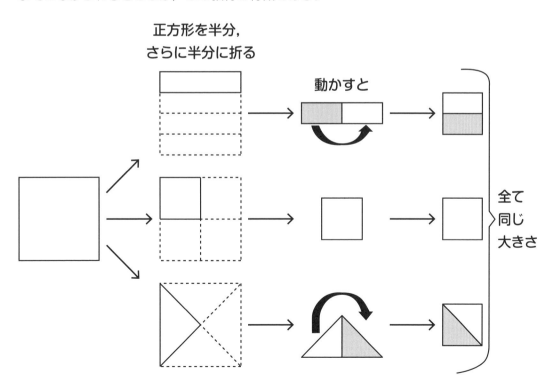

2 展開例

(1) 問題把握

T　（円の形をした折り紙を配付する）

　この折り紙を，友だちに見られないように半分に折りましょう。

T　半分に折れたら，さらに半分に折りましょう。

T　みんなで同時に上にあげて見せ合いましょう。

C　みんな同じだ。

T　（正方形の折り紙を配付する）

　（ワークシートを配付する）

T　今度はこの折り紙で同じことをします。

T　半分に折れたら，さらに半分に折りましょう。

T　みんなで同時に上にあげて見せ合いましょう。

C　あれ？　違う。みんな同じではない。3種類あるよ。

【主体的な学び】

　最初にあえて円形の折り紙を配付し，半分，さらに半分に折ったものを全員で見せ合い，同じ形になることを確認する。このとき，周りの子に見えないように指示する。秘密感をもたせることも主体的な学びを誘発するポイントである。

　全員が同じ形になったことを確認したうえで，今度は正方形の折り紙で同じことをさせ，同時に見せ合う。すると，今度は全員が同じにはならない。この意外性をもたせるところが，主体的な学びを誘発するポイントである。

(2) グループ解決

T　みんながつくったものは3通りに分かれますね。（黒板に掲示し番号をつける）

T　どれがいちばん大きく見えますか。

　（番号ごとに聞いて，挙手させる）

T　それでは，隣の人と話し合いながら調べてみましょう。

【対話的な学び】

　3種類の「半分の半分」を配り，話し合いながら自由に調べさせる。その際，はさみ，のりも自由に使わせるところがポイントである。対話的な学びを実のあるものとするためには，ただ話し合わせるのではなく，作業をしながら話し合わせると，理解し合えたり考え合えたりすることができ，有効である。

(3) 発表，話し合い

T　どれがいちばん大きいかわかりましたか。

C　みんな同じ大きさでした。

T　どうしてわかりましたか。

C　長方形は，さらに半分に切って縦につなげると正方形になって，同じ大きさになるのでわかります。

C　直角三角形も，半分に切って，まわしてつなげると正方形になって，同じ大きさになるのでわかります。

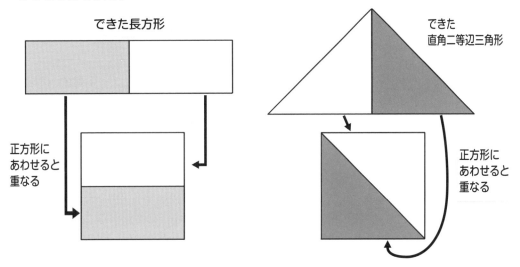

(4) まとめ

T　どうして同じになったのでしょう。

C　3つとも，もとは同じ大きさの折り紙を折ってつくったからだと思います。

C　半分の半分に折って，そのあとに広げると，どれも同じ形，大きさが4つできています。4つあわせてできた形はどれも同じ大きさの折り紙だったので，1つ分は形は違うけれども大きさは同じになります。

T　1つのものを4つに同じ大きさに分けた1つ分を四分の一といい，$\frac{1}{4}$と書きます。

C　それなら，半分に折ったときは，広げたときに2つに分かれていることがわかりますので，二分の一というのでしょうか。

T　そうです。$\frac{1}{2}$と書きます。このような表し方を分数といいます。

---【深い学び】---

単に折り紙を「半分の半分に折ったときの1つ分は，形が違っていても大きさは同じ」で終わりにせず，半分に折ったときのことも考えさせるところが深い学びである。この発想に子どもを誘発するには，あえて$\frac{1}{4}$と分数表示を教えることが有効である。「4があるならほかの数もあるのでは」と考えを広げ，「半分の半分」の過程にある「半分」の想起につなげることが期待できる。

学 習 指 導 案

学　習　活　動	指導上の留意点（○）と評価（◇）
1. 課題把握 T　円の折り紙をまず半分に折りましょう。 　次にまた半分に折りましょう。 　上にあげてみんなで見せ合いましょう。 C　みんな同じ形です。 T　正方形の折り紙を半分に折りましょう。 　次にまた半分に折りましょう。 　上にあげてみんなで見せ合いましょう。 C　形が違う。 T　3つのなかでどれがいちばん大きいでしょう。 C　（直感で挙手する） T　それでは隣の人と話し合いながら大きさ比べをしましょう。 **2. ペア解決** 　（3つの形を切って移動させたり回転させたりして貼って大きさ比べをする） **3. 発表，話し合い** T　どれがいちばん大きかったですか。 C　3つとも同じ大きさでした。 C　長方形は半分に切って隣に動かすと正方形の大きさと同じになり，直角三角形も半分に切って回してからつなげると正方形と同じ形，大きさになりました。 **4. まとめ** T　切って動かしてみると，大きさ比べができて，どれも同じ大きさということがわかりましたね。 C　もともと同じ大きさの正方形の折り紙を半分，そのまた半分に折ったので，同じ大きさになったのだと思います。 C　どれも開くと，もとの正方形の折り紙になります。そして大きさ比べをした正方形，長方形，直角三角形はどれももとの正方形の折り紙を4つに分けた1つ分だから大きさは同じだと思います。 T　1つのものを4つに同じように分けたうちの1つ分を四分の一といい，$\frac{1}{4}$と書きます。 C　それなら，半分に折ったときは，開くと2つに分けたうちの1つ分だから二分の一と言うのですか。 T　そうです。そのような数のことを分数といいます。次の時間には，分数についてもう少し詳しく勉強していきましょう。	○円形の折り紙を配付する。 ○興味関心意欲を高めるために，ほかの子には見られないように折らせる。 ○正方形の折り紙を配付する。 ○ワークシートを配付する。 ○直感での予想を発表させる。 ◇直感でいいので，自分なりの予想を立てられたか。　　　　**＜主体的な学び＞** ○はさみ，のりなど自由に使わせる。 ◇話し合い考え合いながら，操作活動を通して大きさ比べができたか。 　　　　　　　　　**＜対話的な学び＞** ○わかりやすく説明できるように，黒板掲示用の正方形，長方形，二等辺三角形は色を変えたものを用意する。 ◇黒板で操作しながら，または実物投影機上の操作を電子黒板に映しながら，わかりやすく説明できたか。 ◇自分の言葉で操作も交えながらわかりやすく説明できたか。 ◇もとの正方形の折り紙と比べて説明することで，もとの大きさが等しいこと，それも4つに等分していること，その1つ分であることを説明し，聞いている子も理解できているか。 ○隣どうしで意味がわかっているか説明し合わせる。 　　　　**＜対話的な学び・深い学び＞** ○$\frac{1}{4}$をもとに考えを広げ$\frac{1}{2}$というのはと，発展的に考える。　　　**＜深い学び＞** ○学習感想を書かせる。　　　**＜深い学び＞**

月　　日　　時間目　　　　　２年　　組　　番　名前＿＿＿＿＿＿

正方形の おり紙を 半分, さらに 半分に おって できた ３しゅるいの 形が あります。どれが いちばん 大きいでしょうか。大きさを くらべましょう。

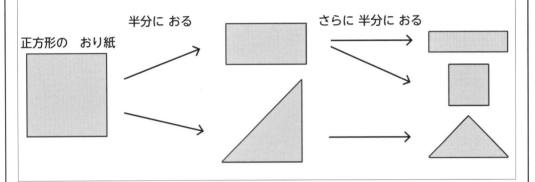

【半分に おって できた ３しゅるいの 形を 下に はりましょう。また, どのように して 大きさを くらべたか わかるように 書きましょう】

〈じゅぎょうの かんそうを 書きましょう〉

3年　1.「玉はどこに当たったかな？」

実施時期　「0のかけ算」の導入

問題　右のような的に向かって玉を10こ投げたところ，合計とく点は20点になりました。
投げた10この玉は，どこに当たったでしょうか。

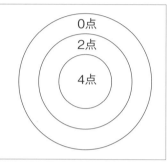

めあて

主体的な学び　かけられる数またはかける数が0のかけ算の積は0になることを利用して，的当てゲームの玉の当たり方を多様に考えることができる。

対話的な学び　発表されたいろいろな当たり方を，隣どうしや学級全体で整理することを通して，きまりに気づくことができる。

深い学び　同じ点数の式の関係から関数的な考えなどを育むことができる。

1 教材について

(1) 逆思考の問題とすることで0のかけ算の必然性を生むことができる

0のかけ算の導入では，下のような的当てゲームを題材として扱う事例は多い。しかし，的当てゲームの結果を算出するだけであれば，0点のところにいくつ入っても得点は0点であり，仮に4点のところに1個も入っていなければ，4点のところの得点は0点であることは明らかである。いずれにしても，0のかけ算の式をわざわざ立式する必要性，さらには計算そのものの必要性は薄いと考えられる。

10この玉を投げたら，結果は次のようになりました。
合計とく点は何点といえばよいですか。

4点	3こ	×	=	点	合計
2点	4こ	×	=	点	
0点	3こ	×	=	点	点

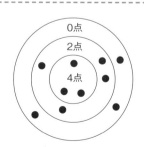

92

そこで，この教材では，合計得点の 20 点に合わせるために，いかに 0 を活用できるかをポイントとしている。たとえば，4 点のところに玉が 5 個当たったとすると，すでに 20 点を獲得しているため，残りの 5 個は得点を獲得してはいけないことになる。そこで，0 の活用の必要性が生じる。まず，2 点のところには 1 個も当たってはいけないことになり，式で表すと 2×0 となる。残りの 5 個の玉は，すべて 0 点のところに当たらなければならないので，式で表すと 0×5 となる。

また，2 点のところに 10 個当たったとすると，4 点と 0 点のところには，それぞれ 1 個も当たっていないことになり，式で表すと 4×0，0×0 となる。

このように，合計得点から当たった場所と個数を考えるという逆思考の問題であるがゆえに，0 のかけ算の必然性を生んでいるところが，この教材のもつおもしろさである。

(2) たくさんある答えを整理し，関数的に考える力を育成できる

合計得点が 20 点になる当たり方には，いろいろな当たり方が考えられる。これらを見つけていく活動自体が，子どもにとっては十分におもしろさを感じるものである。

さらに，この教材には，いろいろな答えが見つけられるというおもしろさだけでなく，見つけたいろいろな答えを整理していくと，新たな発見に出会えるというおもしろさがある。

	こ数	とく点
4 点	5	20
2 点	0	0
0 点	5	0
合計	10	20

	こ数	とく点
4 点	4	16
2 点	2	4
0 点	4	0
合計	10	20

	こ数	とく点
4 点	3	12
2 点	4	8
0 点	3	0
合計	10	20

	こ数	とく点
4 点	2	8
2 点	6	12
0 点	2	0
合計	10	20

	こ数	とく点
4 点	1	4
2 点	8	16
0 点	1	0
合計	10	20

	こ数	とく点
4 点	0	0
2 点	10	20
0 点	0	0
合計	10	20

いろいろな答えを整理すると，4 点，2 点，0 点それぞれのところに当たった玉の数の間には，次のような関係があることに気づく。

・0 点と 4 点のところに当たった玉の数は，いつも同じ数になっている。

・4 点のところに当たった玉の数は 0 個～5 個になっている。それは 6 個以上になると，合計得点が 20 点を越えてしまうからである。

・4 点のところに当たった玉の数が 1 個減るごとに，2 点のところに当たった玉の数は 2 個増える。それは，4 点×1＝2 点×2 となるからである。

このように答えがいろいろある問題であるため，関数的に考える力を育成することができることも，この教材のもつよさである。

2 展開例

前の時間(「0のかけ算」の第1時)に的当てゲームをさせる。それをもとに本時では,自分たちの合計得点を算出する活動を通して,「かけられる数」または「かける数」が0のかけ算の意味やその計算の仕方を理解させておく。

その際,本時で扱う合計得点20点のサンプルを,子どもたちのゲーム結果のなかから抽出しておくとよい。また,的当てゲームの個人記録カードは回収しておく。

(1) 問題把握

T この記録カードは,前の時間に行った的当てゲームのAさんのものです。Aさんの合計得点は何点でしょう。

C 4点のところに3個で12点,2点のところに4個で8点,0点のところに3個で0点。合わせて20点です。

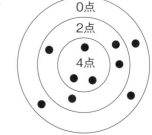

T そうですね。ところで,Aさんと同じように20点をとった人はほかにいましたか。

C 確か,ぼくも20点だったと思うのですが……。

T それならば,10個の玉の当たり方は,Aさんと同じでしたね。

C 違ったと思います。

T でも,合計得点は同じ20点ですよね。

C 合計得点が同じでも,当たり方は同じとはいえないと思います。

T 合計得点が同じ20点でも,Aさんとは違う当たり方があるか調べてみましょう。
(ワークシートを配付する)

【主体的な学び】

子どもの視野を答えの多様性にまで広げるため,合計得点が20点になる当たり方をあらかじめ提示しておき「ほかにも合計得点が20点になる当たり方はないか」と投げかけることにより,「合計得点が20点になる当たり方は1通りではない」⇒「合計得点が20点になる当たり方はいろいろありそうだ」という見通しをもった主体的な学びができる。

(2) 個人解決

C (サンプルをもとに,4点に当たった玉の数を増やしてみたり,0点に当たった数を増やしてみたりして,ほかの当たり方を考えていく)

C (4点になるべくたくさんの玉が当たったと仮定して,残りの玉の当たり方を考え,そこから順々に考えていく)

C （10 個とも得点がとれるところに当たったと仮定して，まず 10 個すべてを 2 点のところに当てたと考え，そこから順々に当たり方を考えていく）

(3) 発表，話し合い

（玉の当たり方・得点を記入できるカードに記入させ，黒板にランダムに掲示する）

T 10 個の玉での合計得点が 20 点になる当たり方は，いろいろあることがわかりました。何か気づくことはありますか。

C わかりやすくなるように，カードを並べ替えた方がいいと思います。

T どのように並べ替えたらいいでしょうか。

C 4 点のところに 5 個当たった当たり方からはじめて，4 個，3 個，……と減らしていく並べ方がいいです。（カードを並び替える）

C 0 点に当たった玉の数は，0 個から 5 個まであります。

C 4 点に当たった玉の数も，0 個から 5 個まであります。

C 4 点と 0 点に当たった玉の数は同じです。

C 4 点のところに当たった玉の数が 1 個減るごとに，2 点のところに当たった玉の数は 2 個ずつ増えています。

┌─【対話的な学び】──────────────────────
│　ランダムに提示されたいろいろな当たり方を，学級全体や隣どうしの対話を通して整
│理することで，自分 1 人では見つけることができなかったきまりも，観点を明確にして
│順序立てて見つけるような対話的な学びができる。
└──────────────────────────────────

T なぜそうなっているのでしょう。

C 4 点のところに 1 個当たると 4 点取れます。4 点は 2 点のところに 2 個当てても取れます。だから 4 点に当たる玉の数が 1 個減るごとに，2 点に当たる玉の数が 2 個増えます。

T なるほど。合計得点が 20 点になる当たり方はいろいろあることがわかっただけでなく，その見つけ方や当たり方の間にあるきまりにも気づくことができましたね。

┌─【深い学び】───────────────────────
│　黒板にある表などをもとに，自分の気づき・考えを説明するという自己表現に関わる
│活動を取り入れることにより，自分の気づき・考えを表現する力を育てるとともに，聞
│いている側がそれらを共有できるような深い学びができる。
└──────────────────────────────────

(4) まとめ，発展

T 次は合計得点を 24 点として，そのときの当たり方を調べてみましょう。

（残り時間および家庭学習として各自取り組む）

学 習 指 導 案

学　習　活　動	指導上の留意点（○）と評価（◇）
1. 問題把握 （前時に行ったゲームの結果がもとになっているいことを伝える） T　Ａさんの得点は20点でした。同じ点の人はいますか。 　　Ａさん，当たり方を発表してください。 C　4点に3個，2点に4個，0点に3個です。 C　ぼくも20点ですが当たり方は違います。 T　当たり方がほかにもあるようですね。 （問題を設定する） 　合計とく点が20点になる当たり方を考えましょう。	○前時に行ったゲームを思い出させ，的は4点，2点，0点の3か所があったこと，玉は全部で10個だったことを再確認する。 ○できるかぎり，実際のゲームの結果をモデルに使うようにすることにより，モチベーションを高める。 ◇Ａさんの得点と当たり方から，当たり方は1通りではないというイメージがもてたか。 ○ワークシートを配付する。
2. 個人解決 C1　4点に5個，2点に0個，0点に5個。 C2　4点に4個，2点に2個，0点に4個。 C3　4点に2個，2点に6個，0点に2個。 C4　4点に1個，2点に8個，0点に1個。 C5　4点に0個，2点に10個，0点に0個。	○合計が20点になっているか確かめさせる。 ◇1通りの当たり方を見つけて満足せず，ほかの当たり方を考えようとできたか。 　　　　　　　　　　　　＜主体的な学び＞
3. 発表，話し合い T　当たり方を発表しましょう。 　（C1～C5の順で発表させ，板書する） T　Ａさんの記録はどこに書きましょうか。 C　C2とC3の間がいいと思います。 T　なぜそう思いましたか。 C　4点の数が5，4，3，2，1，0と順に並ぶからです。 C　その並び方は0点のところも同じです。 C　2点の数は0，2，4，6，8，10と2飛びで順に並びます。	◇発表されたいろいろな当たり方を，学級全体や隣どうしで整理するなどして，何かきまりがないか考えようとできたか。 　　　　　　　　　　　　＜対話的な学び＞ ○Ａさんの記録を書く位置を考えさせることにより，記録と記録の関係に着目させる。 ◇4点，2点，0点の並び方やその関係に着目し，きまりに気づくことができたか。 ◇気づいた関係や見つけたきまりを式や表などをもとに言葉でわかりやすく説明できたか。 　　　　　　　　　　　　＜深い学び＞
4. まとめ，発展 T　整理してみると，いろいろなきまりに気づきますね。今度は，合計点が24点のときの当たり方を考えてみましょう。	

月　　日　　時間目　　　　　　　　　　　　　　　　　　3年　　組　　番　名前＿＿＿＿＿＿

右のような的に向かって玉を10こ投げたところ、合計とく点は20点になりました。
投げた10この玉は、どこに当たったでしょうか。

	ご数	とく点
4点		
2点		
0点		

	ご数	とく点
4点		
2点		
0点		

	ご数	とく点
4点		
2点		
0点		

	ご数	とく点
4点		
2点		
0点		

	ご数	とく点
4点		
2点		
0点		

	ご数	とく点
4点		
2点		
0点		

〈気づいたことを書きましょう〉

【合計とく点が24点のときの当たり方を考えてみましょう】

3年 2.「二等辺三角形をつくろう」

実施時期　「二等辺三角形の作図」のまとめ

問題　直線アイが1つの辺となる二等辺三角形をつくりましょう。
　　ただし，もう1つのちょう点ウは，点の上にくるようにしましょう。

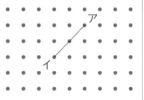

めあて

主体的な学び　1つの辺を等辺の1つと見たり，等辺以外の辺と見たりすることにより，さまざまな二等辺三角形をつくることができる。

対話的な学び　隣どうしや学級全体で，さまざまな二等辺三角形のつくり方を紹介することを通して，自分では考えつかなかったつくり方について理解することができる。

深い学び　きまりなどを意識して，目的をもって作図することで，二等辺三角形の性質や特徴などに気づくことができる。

1 教材について

(1) さまざまな二等辺三角形をつくるおもしろさがあり，意欲を喚起することができる

　二等辺三角形の作図の学習では，あらかじめ3辺の長さが与えられており，指示された三角形を作図する問題が多く，受け身の学習となりがちである。

　ところが，この教材では，与えられた1辺を利用してさまざまな二等辺三角形をつくることができるので，受け身の学習では味わえない楽しさがある。与えられた1辺を等辺の1つと見ることもできるし，等辺以外の1辺と見ることもできる。このように，さまざまな見方からいろいろな二等辺三角形をつくることができるところが，この教材のおもしろさである。

(2) つくった二等辺三角形を分類・整理することで，新たな発見をすることができる

　与えられた1辺を等辺の1つと見て考えていく場合にも，等辺以外の1辺と見て考えていく場合にも，それぞれ発見がある。

①直線アイを等辺の1つとして見たとき

　直線アイと同じ長さの1辺アウ，またはイウを見つけるために，はじめは格子点を利用して点ウを見つける。

　しかし，そのうち，点アまたは点イを中心に直線アイの長さを半径とした円をコンパスでかくと，その円上にある格子点が頂点ウになりうることを発見する。このことによりコンパスのもつ有用性を感じることができる。

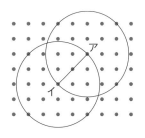

②直線アイを等辺以外の1辺として見たとき

　はじめは格子点を利用して点ア，点イからそれぞれ等しい点ウを見つける。

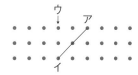

　等辺の長さは決まっていないので，1つ見つけたあと，さらに等辺の長さを変えて二等辺三角形をつくっていくことができる。そして，見つけた頂点ウをつないでいくと，どれも直線アイの中点を通り，直線アイに垂直な直線（垂直二等分線）になっていることを発見する。作図をしながら自然と二等辺三角形の性質に気づくことができる。

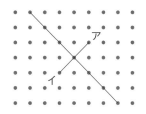

(3) ジオボードを活用するおもしろさを味わえる

　この教材は，ジオボードを使うとより効果的に授業を展開することができる。

　ジオボードを使うと，作図が苦手な子どもたちも容易に作業できる。また，気軽に修正することができるので，失敗を恐れずに取り組むことができる。さらに，自分が見つけた答えを残したまま別の答えを見つけることができ，見つかった答えから新たな発見をすることができる。

　このように，ジオボードは子どもたちの関心・意欲だけでなく，感覚までも高めることができる優れた教具である。

2 展開例

前時までに，コンパスを使った二等辺三角形の作図の仕方について学習している。
本時では，ジオボードと何色かの輪ゴムを人数分用意しておく。ジオボードがなくてもワークシートで十分カバーできる。その際には，色鉛筆を用意させるとよい。

(1) 問題把握

T この前の授業では，コンパスを使って三角形をかきましたね。
　今日は，ジオボードを使って二等辺三角形をつくります。
　条件は，直線アイを1つの辺とし，もう1つの頂点は点にくるようにすることです。
　つくれる人はいますか。
C できます。

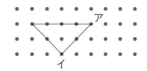

T 2つの辺の長さが同じだから二等辺三角形といえますね。
C ほかにもできます。
T それでは，直線アイを1つの辺とした二等辺三角形をいろいろつくってみましょう。
　（ワークシートを配付する）

【主体的な学び】
　導入として，実際に黒板で1つの二等辺三角形をつくらせることで，問題を明確にするだけでなく，見ている子どもたちに，まだまだほかの二等辺三角形がたくさんできそうだという意欲をもたせることができる。

(2) 個人解決

C （直線アイを同じ長さの2辺のうちの1辺として二等辺三角形をつくる）
C （直線アイを同じ長さの2辺でない1辺として二等辺三角形をつくる）

(3) 発表，話し合い

T それでは，つくった二等辺三角形を発表しましょう。
　（黒板掲示用の紙を使って，どんどん発表させる）
C 直線アイを同じ長さの2辺のうちの1辺として形をつくりました。
T どのようにして，つくりましたか。

（それぞれ，どのようにしてつくったかをもとに，黒板に分けて掲示する）

≪①点アを中心として，円をかいたグループ（数えたものも含む）≫

C　点イまでと同じ長さになるように，点アから点を数えてつくりました。

≪②点イを中心として，円をかいたグループ（数えたものも含む）≫

C　数えたのですが，点アからではなく点イから数えてつくりました。

≪③直線アイの垂直二等分線を引いたグループ≫

C　直線アイを同じ長さの2辺でない1辺としてつくりました。

T　どのようにして，つくりましたか。

C　点アと点イそれぞれから，同じ長さになるように数えてつくりました。

C　さっきの人のより遠くに点ウがくるように数えてつくりました。

C　点ウの場所は同じだけど，コンパスを使って点アからも点イからも同じ長さになる点を探しました。

C　大きい紙で点がいっぱいあれば，もっとたくさんの二等辺三角形がつくれておもしろいと思います。

C　もっと大きい紙にしても，点がじゃまになります。ちょうどいい場所に点がなくてはいけないから，いっそのこと，点はなくてもいいと思います。

┌─【対話的な学び】
│　二等辺三角形を定規とコンパスを使って作図する活動である。ここでのポイントは，単に作図するだけでなく，作図の活動とその結果を隣どうしや学級全体で共有することを通して，自分では考えつかなかったつくり方に気づく点である。
└─────────────

(4) まとめ，発展

T　では，①②③のグループをもう一度見てみましょう。点ウをつないでみますね。
　　（黒板に提示した3つのグループを見ながら，全員で考えていく）

C　①②は円になっています。

C　③はちょうど直線アイの真ん中を通っています。

C　③は真ん中で切ったら，直角になりそうです。

T　みんながつくったたくさんの二等辺三角形は3つのグループに分けられましたね。
　　そして，それぞれのグループごとに共通しているところがありました。

C　今日の学習で，二等辺三角形の新しいきまりを見つけることができました。これで，二等辺三角形について，今まで以上によく知ることができました。

┌─【深い学び】
│　単に作図をさせるだけではなく，作図に目的意識をもたせたり，作図を通して性質などの理解を実感させたりすることが重要である。
└─────────────

学　習　指　導　案

学　習　活　動	指導上の留意点（〇）と評価（◇）
1. 問題把握 T　直線アイを1つの辺として，もう1つの頂点がどこかの点にくるような二等辺三角形をつくりましょう。 C 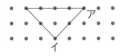 T　ほかにもできそうですか。二等辺三角形をできるだけ多くかきましょう。 2. 個人解決 C1　直線アイを同じ長さの2辺のうちの1辺とした二等辺三角形を作図する。 C2　直線アイを同じ長さの2辺でない1辺として二等辺三角形を作図する。 3. 発表，話し合い T　かいた二等辺三角形を発表しましょう。（ランダムに掲示する） T　発表された二等辺三角形を，2つのグループに分けたいと思います。どのようなグループに分けられますか。 C　アイと同じ長さの辺がある二等辺三角形のグループと，ない二等辺三角形のグループに分けられます。 C　アイと同じ長さの辺がある二等辺三角形のグループは，アを中心とするグループとイを中心とするグループに分けられます。（3つのグループに掲示し直す） 4. まとめ，発展 T　それぞれ何かきまりはありましたか。 C　アイと同じ長さの辺がある二等辺三角形のグループは，残りの1点をつないでいくと円になる。 C　アイと同じ長さの辺がない二等辺三角形のグループは，残りの1点はどれもアイの真ん中から直角にのばした直線上にくる。 T　二等辺三角形はグループに分けられるうえに，それぞれ共通しているきまりのようなものがありましたね。 C　新しいきまりを見つけたり，今まで以上によく知ったりすることができました。	〇ジオボードおよびワークシートを配付する。 〇前時にはコンパスを使っての二等辺三角形の作図の仕方を学習したことを確認する。 〇問題の理解が不十分な子どももいると考えられるので，モデルとして作図のイメージがもてた1人に発表させる。 〇本当に二等辺三角形といえるかを，隣どうしで説明させたりして確認する。 〇ワークシートに作図する際には，必要に応じて色鉛筆を使うように伝える。 ◇条件に合った二等辺三角形を正しく作図できたか。 ◇条件に合った二等辺三角形を多様に作図できたか。　　　　　　　＜主体的な学び＞ 〇作図した二等辺三角形を黒板掲示用紙に転記させ，黒板に掲示する。 〇実態に応じて，隣どうしや班で話し合わせる。 ◇自分なりの観点でグループ分けをすることができたか。 ◇掲示された二等辺三角形が，どのグループに入るかを考えることができたか。 　　　　　　　　　　　＜対話的な学び＞ 〇実態に応じて，隣どうしや班できまりについて話し合わせる。 ◇グループごとにきまりが見つかるかを考えようとできたか。　　＜対話的な学び＞ ◇友だちの発表に学び，さらに見つけようとする意欲をもつことができたか。 〇時間があれば，学習感想を書かせる。 ◇学習したこと・発見したことなどを，図などをかきながらわかりやすく学習感想に書くことができたか。　　　　＜深い学び＞

月　日　時間目　　　　　　　3年　組　番　名前

直線アイが１つの辺となる二等辺三角形をつくりましょう。
ただし、もう１つのちょう点ウは、点の上にくるようにしましょう。

〈気づいたこと、わかったことやじゅ業の感想を書きましょう〉

1年
2年
3年

3年

3. 「入っているお金は？」②

| 実施時期 | 「10000 より大きい数」のまとめ |

問題
ちょ金箱をあけると，中に 23400 円入っていました。一万円さつ，千円さつ，百円玉いがいのお金は入っていないそうです。

どのお金が何まいずつ入っていたでしょうか。いろいろ考えてみましょう。

めあて

主体的な学び 合成・分解の仕組みや単位の考えを利用して，23400 という数を多様に表現することができる。

対話的な学び 表にまとめる際に，自分たちの答えを表のどこに置いたらよいか，あるいはどうしてそこに置いたのかを，隣どうしや学級全体で話し合うことを通して，順序よく整理することのよさなどに気づくことができる。

深い学び まとめた表をもとに，落ちや重なりがないようによりわかりやすく表を整理することで，表に表すことのよさやきまりを見つけることのよさについて，理解を深めることができる。

1 教材について

(1) 1つに限定されない答えがチャレンジ精神をくすぐる

23400 という数の構成の表現の仕方を考えると，数を分解してとらえるという見方や，ある数のいくつ分という単位の考えでとらえるという見方などがある。また，それぞれの見方においても，複数の表現方法がある。それらを考えていく過程で，さまざまな表現方法を見つける楽しさを味わえた子どもは，「もっとほかにもあるのではないか。もっと見つけたい」というチャレンジ精神をくすぐられるに違いない。

この教材のように，大きな数の仕組みを考えるときは，お金を扱った問題に置き換えると取り組みやすい。お金を扱うことで，それぞれの位が 10 ずつまとまれば次の位へ繰り上がり，位が 1 つ下がるごとにお金の枚数は 10 倍ずつ増えるということが理解しやすくなる。その結果，「もっといろいろな組み合わせを見つけたい」という意欲をもつようになる。

（2）表にまとめるよさが再実感できる

　手当たり次第に答えを求めていたのでは面倒であるし，落ちや重なりが出ることは，子どもたちも気づいている。そこで，2年生までの学習経験を想起させて，表に整理するよさを再実感させたい。数の組み合わせなどが多様に存在するときには，それらを表などに整理し，改めて見直してみるという考え方も，重要な問題解決力の1つである。

　そこで，一万円札の数をそれぞれ2枚，1枚，0枚の場合として表にまとめる。一万円を千円札に両替すると10枚になる。千円札と百円玉の関係も同様である。

　一万円札が2枚，1枚，0枚の場合を表にまとめると次のようになる。

＜一万円札2枚の場合＞

お金	まい数			
一万円さつ	2	2	2	2
千円さつ	3	2	1	0
百円玉	4	14	24	34

＜一万円札1枚の場合＞

お金	まい数													
一万円さつ	1	1	1	1	1	1	1	1	1	1	1	1	1	1
千円さつ	13	12	11	10	9	8	7	6	5	4	3	2	1	0
百円玉	4	14	24	34	44	54	64	74	84	94	104	114	124	134

＜一万円札0枚の場合＞

お金	まい数													
一万円さつ	0	0	0	0	0	0	0	0	0	0	0	0	0	0
千円さつ	23	22	21	20	19	18	17	16	15	14	13	12	11	10
百円玉	4	14	24	34	44	54	64	74	84	94	104	114	124	134

お金	まい数									
一万円さつ	0	0	0	0	0	0	0	0	0	0
千円さつ	9	8	7	6	5	4	3	2	1	0
百円玉	144	154	164	174	184	194	204	214	224	234

　表をよく見ると，千円札が1枚ずつ減っていくと百円玉が10枚ずつ増えていくことがわかる。そのことを整理していくと，一万円札と千円札の関係や千円札と百円玉の関係，一万円札と百円玉の関係が見えてくる。この教材に取り組むことで，表を順に整理すると手際よく答えを求めることができるばかりか，それぞれの間の関係も見えてくるよさを実感できる。

　このように，表に表すよさを再実感し，表を使って問題解決していこうという意識をもたせ，さらに数の合成・分解，十進位取り記数法についての理解も自然と深めることができる。

2 展開例

(1) 問題把握

T 貯金箱に 23400 円入っています。一万円札と千円札と百円玉以外は，入っていないそうです。一万円札や千円札が 0 枚の場合もあります。

　　どのお金が，それぞれ何枚入っているかを考えましょう。

C 一万円札が 2 枚，千円札が 3 枚，百円玉が 4 枚で 23400 円です。

C ほかにもあります。一万円札が 1 枚，千円札が 13 枚，百円玉が 4 枚で 23400 円です。

T まだありますか。

C あります。一万円が 0 枚で，千円が 23 枚で，百円が 4 枚でも 23400 円になります。

　　（子どもの発表を，黒板の表に記録していく）

T いろいろな組み合わせがありそうですね。黒板のような表をつくって調べてみましょう。

　　（ワークシートを配付する）

```
┌─【主体的な学び】─────────────────────────────┐
│　問題を理解すると，すぐさま「一万円札が何枚，千円札が何枚，百円玉が何枚」と答 │
│ える子どももいるだろうが，この段階ですぐに個人解決の時間を取っても，子どもの発 │
│ 想は広がらない。そこで，少し時間を取ることで，たとえば一万円札を使わず千円札と │
│ 百円玉で考えようとする子どもが現れる。この発想を取り上げることで，23400 円にな │
│ る組み合わせは多様にあることに気づき，より関心・意欲をもって取り組むようになる。 │
└───────────────────────────────────────┘
```

(2) 個人解決

（机間指導の際に，自分の考えを黒板で説明できるようにしておくよう助言する）

C

お金	まい数
一万円さつ	1
千円さつ	13
百円玉	4

お金	まい数
一万円さつ	1
千円さつ	10
百円玉	34

お金	まい数
一万円さつ	1
千円さつ	12
百円玉	14

お金	まい数
一万円さつ	1
千円さつ	5
百円玉	84

お金	まい数
一万円さつ	1
千円さつ	0
百円玉	134

お金	まい数
一万円さつ	0
千円さつ	23
百円玉	4

(3) 発表，話し合い

T 発表しましょう。

C （見つけた組み合わせを発表する）

106

T　まず，一万円札１枚の場合の組み合わせを見ましょう。何か気づきましたか。

お金	まい数						
一万円さつ	1	1	1	1	1	1	1
千円さつ	13	9	7	11	4	8	2
百円玉	4	44	64	24	94	54	114

C　目があちこちいってしまい，わからなくなってしまうので，千円札が１枚ずつ減るように順序よく並べたらいいと思います。

お金	まい数													
一万円さつ	1	1	1	1	1	1	1	1	1	1	1	1	1	1
千円さつ	13	12	11	10	9	8	7	6	5	4	3	2	1	0
百円玉	4	14	24	34	44	54	64	74	84	94	104	114	124	134

（一万円札が２枚，０枚のときも，同じように表に整理する）

C　千円札が１枚減ると百円玉が10枚増えることが，一目でわかりました。

C　一万円札と千円札の間にも同じ関係があると思います。

（実際に組み合わせを掲示し，確かめる）

C　一万円札と百円玉の間には，一万円札が１枚減ると百円玉が100枚増えるという関係があると思います。

（実際に組み合わせを掲示し，確かめる）

【対話的な学び】

　自分たちの答えを表のどこに置いたらよいか，あるいはどうしてそこに置いたのかを，隣どうしや学級全体で話し合うことを通して，順序よく整理することのよさや，千円札が１枚減るごとに，百円玉が10枚増えることに気づくことができる。

【深い学び】

　たとえば，一万円札の枚数をもとに表に整理したとしても，まだ落ちや重なりが起こる不安が残るので，より確実な方法として，千円札の枚数の多いほうから順に表に表していく。この整理によって，千円札と百円玉の関係が見えてくる。このような活動を通して，表に表すことのよさやきまりを見つけるよさについて，理解を深めることができる。

---

(4)　まとめ，発展

T　今日はどんなことを学習しましたか。

C　表を使って順序よく整理すると，簡単に答えが見つかることがわかりました。

C　これからも，いろいろな場面で表を使って考えていきたいと思います。

学 習 指 導 案

学　習　活　動	指導上の留意点（○）と評価（◇）
1. 問題把握 　ちょ金ばこをあけると，中に23400円入っていました。一万円さつ，千円さつ，百円玉いがいのお金は入っていないそうです。 　どのお金が何まいずつ入っていたでしょうか。いろいろ考えてみましょう。 T　どんな組み合わせが考えられますか。 C　一万円札が2枚，千円札が3枚，百円玉が4枚です。 T　ほかにもありそうですか。 C　一万円札，千円札，百円玉はどれも1枚は入っていないといけないのですか。 T　入っていなくてもかまいません。 C　いろいろな組み合わせがありそうです。 T　調べてみましょう。 **2. 個人解決** C1（思いつくまま組み合わせを調べる） C2（一万円札の枚数だけを2枚，1枚，0枚の場合で区切り，千円札，百円玉は思いつくまま調べる） C3（一万円札，千円札，百円玉をそれぞれ順々に整理して調べる） C4（C3のように調べていく過程できまりを見つけ，きまりに従って調べる） **3. 発表，話し合い** T　まず一万円札が1枚のときの組み合わせを発表しましょう。何か気づくことはありませんか。 C　順番に貼り直したほうが見やすいです。 C　千円札が1枚減ると百円玉が10枚増えることが一目でわかりました。 C　一万円札と千円札の間にも同じ関係があると思います。 C　一万円札が1枚減ると百円玉が100枚増えるという関係があると思います。 **4. まとめ，発展** T　今日はどんなことを学習しましたか。 C　表を使って順序よく整理すると，簡単に答えが見つかることがわかりました。 C　これからもいろいろな場面で表を使って考えていきたいと思います。	○五千円札，二千円札，五百円玉，五十円玉，五円玉，一円玉は使わないことを確認する。 ○ワークシートを配付する。 ○イメージがつかめない子どももいると思われるので，まずは代表的な組み合わせをモデルとして発表させる。 ◇モデルや質問から，組み合わせが多様に存在するというイメージがもてたか。 　　　　　　　　　　　**＜主体的な学び＞** ◇合計が23400円になっていることを確かめていたか。 ◇1つの組み合わせを見つけただけで満足せず，ほかの組み合わせも見つけようとしているか。　　　　**＜主体的な学び＞** ◇話し合いを通して，いくつかの組み合わせ方から何か規則性がないかを考えようとできたか。　　　**＜対話的な学び＞** ○見つけた関係について，掲示された組み合わせから正しさを確かめさせる。 ◇気づいた関係を表をもとに言葉でわかりやすく説明できたか。　**＜対話的な学び＞** ◇表をつくるよさや，きまりを見つけるよさを実感し，理解できたか。 　　　　　　　　　　　**＜深い学び＞**

月　日　時間目　　　　　３年　組　番　名前

ちょ金箱をあけると、中に 23400 円入っていました。一万円さつ、千円さつ、百円玉いがいのお金は入っていないそうです。どのお金が何まいずつ入っていたでしょうか。いろいろ考えてみましょう。

お金	まい数
一万円さつ	
千円さつ	
百円玉	

お金	まい数
一万円さつ	
千円さつ	
百円玉	

お金	まい数
一万円さつ	
千円さつ	
百円玉	

お金	まい数
一万円さつ	
千円さつ	
百円玉	

お金	まい数
一万円さつ	
千円さつ	
百円玉	

お金	まい数
一万円さつ	
千円さつ	
百円玉	

お金	まい数
一万円さつ	
千円さつ	
百円玉	

お金	まい数
一万円さつ	
千円さつ	
百円玉	

お金	まい数
一万円さつ	
千円さつ	
百円玉	

お金	まい数
一万円さつ	
千円さつ	
百円玉	

お金	まい数
一万円さつ	
千円さつ	
百円玉	

お金	まい数
一万円さつ	
千円さつ	
百円玉	

〈気づいたことを書きましょう〉

3年

4.「14個のあんパンを4人で分けると？」

実施時期 「あまりのあるわり算」の導入

問題 同じ大きさ，味(あじ)のあんパンが14こあります。
これを4人で同じように分けます。
1人分(ひとりぶん)はどれだけになりますか。

めあて

主体的な学び 14個のあんパンを4人で分けたときの1人分を，図などをもとに進んで考えることができる。

対話的な学び 隣どうしや学級全体で話し合うことで，わりきれないわり算において，わりきれない分をあまりとする場合とさらに細かく分ける場合とを判断する必要があることを見いだすことができる。

深い学び わりきれないわり算では，題材によって，わりきれない分をあまりとする場合とさらに細かく分ける場合とを判断し，処理することができる。

1 教材について

(1) わりきれないわり算に対する誤った固定観念を形成させず，第4学年につなげることができる

「あまりのあるわり算」の単元では，わりきれないわり算におけるあまりの意味や求め方について学習し，計算処理が正しくできるように指導するが，指導の中心は商とあまりを正しく求めることができるかにおかれることが多い。そのような指導を受けた子どもは，「わりきれないわり算では，正しくあまりを求めることが大事」という固定観念をもつであろう。しかし，「わりきれないわり算＝あまりのあるわり算」という固定観念が，4年生のわり算の学習で，子どもたちを混乱させることにつながっているのではないだろうか。4年生では，「わり進み」という内容を学習する。「わりきれないわり算＝あまりのあるわり算」という固定観念をもってしまっている子どもたちは，「3年生のときはわりきれない分をあまりにしたのに，なぜ4年生ではあまりにしないでわり進めるのだろう」という疑問をもつ。そしてこの疑問は，これまでの指導への不信感につながることもある。

このような不信感をもたせないためには，本単元において「わりきれないわり算＝あまりのあるわり算」という固定観念をもたせず，「わりきれないわり算には，さらに細かくし

て分ける場合とわりきれない分をあまりにする場合がある」という経験をさせたうえで,「あまりのあるわり算」について学習させるべきである。

そこで,この教材では,題材を細かく分けることができるあんパンに設定し,分ける人数を絵や図で考えやすい4人にすることにより,「さらに細かくして分ける」という発想が生まれやすいように工夫してある。

(2) 絵や図をもとに考える力が身につく

「14個のあんパンを4人で分けると,1人分はどれだけになりますか」という問題を考えるとき,先行知識を有している子どもは,計算技能をもつだけでなく「わりきれないわり算＝あまりのあるわり算」という固定観念をもっていることが多いため,「1人分3個であまり2個」と答える子どもが多い。しかし,先行知識を有していない子どもは,既習内容をもとに,絵や図で考えようとするため,1人分は3個半という答えに,自然にたどりつく。このように,絵や図で考える力を身につけることも,この教材のよさである。

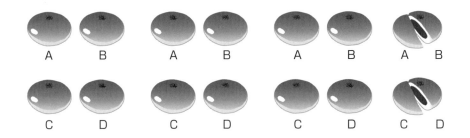

(3) 題材に着目する重要さに気づかせることができる

算数の授業では,教科書にある問題の題材や数値の意味について疑問をもったり意味を考えたりせずに取り組む子どもの姿が多く見られる。しかし,算数の授業で大切なことは,設定された算数の問題を解くだけではなく,日常生活などで直面するさまざまな問題に気づき,解決していける問題解決力（「生きる力」）を育成することである。ただし,日常生活などで直面する問題は,題材,条件などによって解が変わったり,解が1つとは限らなかったりする場合もある。それだけに,算数の授業では,題材や数値に疑問をもたせたり意味を考えさせたりする指導が重要である。

この教材では,題材をあんパンに,全部の数を14個に,分ける人数を4人に設定している。題材を鉛筆や金魚ではなくあんパンにしたのは,さらに細かく分ける（半分にする）ことができるからである。また,全部の数を14個,分ける人数を4人にしたのは,まずは1人分が3個となり,分ける数値が全部の数,1人分の数とも異なること,さらには残りが2個となり4人で分けやすく,半分にするという発想が自然発生しやすいからである。このように,題材に目をつける重要さに気づかせる点も,この教材のよさである。

2 展開例

(1) 問題把握

T （黒板にあんパンの絵を14個かく）

　あんパンが14個あります。これを何人かで分けます。何人で分けたと思いますか。

C 2人だと思います。

C 7人だと思います。

T なぜそう思いましたか。

C 2人だと14÷2で，1人分は7個になるからです。

C 7人だと14÷7で，1人分は2個になるからです。

T 実は，4人で分けます。1人分はどれだけになるでしょう。

C もらえる分は全員同じですか。

T そうです。不公平がないように分けることにします。

　（ワークシートを配付する）

(2) 個人解決

C1 （1人1個だとすると，2個だとすると，3個だとすると，……と調べていき，1人3個とわかり，あまりを2個とする）

C2 （4の段で答えが14を超えないのはかける数が3のときなので，1人分は3個であまりを2個とする）

C3 （14個の図をかいて，それを4人で分けていき，1人分が3個であまりが2個とする）

C4 （14個の図をかいて，それを4人で分けていき，1人分が3個であまりが2個。その2個をそれぞれ半分にすると4人で分けられるので，1人分は3個半とする）

C5 （14個をさらに半分にすると，半分が28個できる。28なら4でわれて答えは7になるので，1人分は半分の7つ分，つまり3個半とする）

=== 【主体的な学び】 ===

　「絵や図を使って考え，説明する活動」は算数において有効な活動である。本時は「あまりのあるわり算」の導入にあたるので，個人解決の段階では14個のあんパンの絵や図をかくことにより考えやすくなり，主体的に問題を解決しようという意欲が高まりやすい。また，14個のあんパンの絵や図をかいて説明することにより，あまりを出さずに分けきるという考えに説得力をもたせることもできる。

(3) 発表，話し合い

T それでは発表しましょう。

（C1 から C5 を発表させる。C3，C4，C5 の子どもには，黒板に図もかかせる）

T　答えは「1 人分 3 個，あまり 2 個」と「1 人分 3 個半」に分かれました。どちらが正しいといえるでしょう。

C　「1 人分 3 個，あまり 2 個」というのはおかしいと思います。あまりとした 2 個はそのままにしていたら腐ってしまいます。

C　もし，あんパンではなくチョコレートだったら溶けてしまいます。

C　でも，もしあんパンではなく鉛筆だったら「1 人分 3 本半」というのはありえないと思います。折れて使い物にならなくなります。

C　もしあんパンではなく金魚だったら「1 人分 3 匹半」というのはもっとありえないと思います。生きていけなくて，かわいそうです。

T　つまり，分けるものが何かによって答えが変わるわけですね。

┌─【対話的な学び】─────────────────────────────┐
　本時では，「1 人分 3 個あまり 2 個」という考えと「1 人分 3 個半」という考えが子どもたちから出される。一般的な算数の授業では，答えは 1 つであり，異なる答えが出されたときには話し合いなどを通して 1 つに収束される。しかし，本時では，「1 人分 3 個あまり 2 個」という考えは不自然となり「1 人分 3 個半」という考えにいったんは収束されるが，そのあと，題材によって「1 人分 3 個あまり 2 個」となる場合と「1 人分 3 個半」となる場合があることに気づくことができる。
└─────────────────────────────────────┘

(4) まとめ，発展

T　それでは，「1 人分 3 個半」となる場合と「1 人分 3 個，あまり 2 個」となる場合の分けるものをそれぞれ考えてみましょう。

C　「1 人分 3 個半」となるのは，さらに細かく分けられるものなので，パン以外だと板チョコレート，ビスケット，リンゴなどです。

C　「1 人分 3 個あまり 2 個」となるのは，鉛筆，消しゴム，ノートやあめ，それに金魚や犬などの生き物です。

T　題材によって答えが異なることがわかりましたね。これからは，問題の題材に何が使われているか，数はいくつかに注意しながら解決に取り組むようにしましょう。

┌─【深い学び】──────────────────────────────┐
　このように，答えを収束して終わりとするのではなく，発表された複数の答えそれぞれが適用できる場合の題材について考え，深めるところが，本時のポイントである。
└─────────────────────────────────────┘

学 習 指 導 案

学 習 活 動	指導上の留意点（○）と評価（◇）
1. 問題把握 あんパンが14こあります。 これを4人で同じように分けます。 1人分はどれだけになりますか。	○黒板にあんパン14個の図をかいて，場面の理解を共有できるようにする。 ○ワークシートを配付する。
2. 個人解決 C1（1人1個，2個，3個と調べていき，1人3個とわかり，あまりを2個とする） C2（4の段で調べると，1人分は3個であまりを2個とする） C3（14個の図をかいてそれを4人で分けていくと，1人分が3個であまりが2個） C4（14個の図をかいてそれを4人で分けていくと，1人分が3個であまりが2個。その2個をそれぞれ半分にすると4人で分けられるので，1人分は3個半） C5（14個をさらに半分にすると，半分が28個できる。28÷4で答えは7になるので，1人分は3個半）	◇既習内容であるわり算を活用して考えようとすることができたか。 ◇場面を図などに表して考えようとすることができたか。　　　　　　　**＜主体的な学び＞** ○机間指導の際に，どのような考えをしているか，どちらの答えかを把握しておき，発表の順番を考えておく。
3. 発表，話し合い T 「1人分3個，あまり2個」と「1人分3個半」のどちらが正しいでしょう。 C 「1人3個，あまり2個」では，あまりの2個をそのままにしていたら腐ります。 C もし，あんパンでなくてチョコレートだったら溶けてしまいます。 C もし鉛筆だったら「1人分3本半」というのはありえません。 C もし金魚だったら「1人分3匹半」というのもありえません。 T つまり，分けるものが何かによって答えが変わるのですね。	○最初に「1人分3個，あまり2個」，次に「1人分3個半」の考えを発表させる。 ◇C3，C4，C5については，黒板に図をかき，それを利用しながら説明できたか。 　　　　　　　**＜対話的な学び＞** ○自由に意見を言わせ，「もしもあんパンでなければ」という発想を出させ，それをもとに意見交流させる。 ○話し合いの結果などをもとに自分の考えをワークシートに書かせる。
4. まとめ，発展 T それでは，「1人分3個半」「1人分3個，あまり2個」となる場合の分けるものをそれぞれ考えてみましょう。 C 「1人分3個半」となるのは，板チョコレートやリンゴなどがあります。 C 「1人分3個あまり2個」となるのは，鉛筆やあめ，犬などの生き物です。 T これからは，問題の題材や数に注意しながら解決に取り組むようにしましょう。	○「1人分3個，あまり2個」と「1人分3個半」にあたる題材をワークシートに書かせる。 ◇「もしもあんパンでなければ」と考え，「1人分3個，あまり2個」と「1人分3個半」になる場合，それぞれの題材を考え出すことができたか。　　　　　　　**＜深い学び＞**

114

月　　日　　時間目　　　　　　　　3年　　組　　番　　名前

同じ大きさ、味のあんパンが14こあります。これを
4人で同じように分けます。
1人分はどれだけになりますか。

[1人分のもとめ方を書きましょう]

〈発表を聞いて、自分の考えを書きましょう〉

〈まとめを書きましょう〉

3年

5.「3つのおもりで量れる重さは？」

| 実施時期 | 「重さ」のまとめ |

問題
　1g，3g，9gの3つのおもりを使って，いろいろな重さをはかります。何gの重さをはかることができますか。
　ただし，1しゅるいの重さをはかるときに，それぞれのおもりは1つずつしか使えません。

めあて

主体的な学び　3つのおもりの組み合わせを工夫して，量りとることのできる重さを多様に考えることができる。

対話的な学び　おもりの組み合わせ方の工夫の仕方について，隣どうしや学級全体での話し合いを通して，自分では気づかなかったおもりの組み合わせ方に気づくことができる。

深い学び　おもりの重さや，数を自分なりに工夫して，問題を発展させることができる。

1 教材について

(1) 3つのおもりの使い方を工夫すると，いろいろな重さを量りとることができるおもしろさがある

　まず，おもりを1つだけ使う場合を考えてみよう。1g，3g，9gを量りとることができる。
　次に，おもりを2つ使う場合を考えてみよう。4g，10g，12gを量りとることができる。

　　1g＋3g＝4g　　　1g＋9g＝10g　　　3g＋9g＝12g

　最後に，おもりを3つとも使う場合を考えてみよう。
　　1g＋3g＋9gで，13gを量りとることができる。
　しかしこれでは，2g，5g，6g，7g，8g，11gが量りとれない。
　ところが，量るものがのっているほうにもおもりをのせるというように発想を転換するとどうなるだろう。

$$1g+\square=3g \qquad \square=2g, \qquad 1g+\square=9g \qquad \square=8g$$
$$3g+\square=9g \qquad \square=6g, \qquad 1g+3g+\square=9g \qquad \square=5g$$
$$3g+\square=1g+9g \quad \square=7g, \qquad 1g+\square=3g+9g \qquad \square=11g$$

　このように，たった3つのおもりで1g〜13gまでのすべての重さを量ることができることが，この問題のもつおもしろさの1つであり，「やってみたい」という気持ちを起こさせることにつながる。

(2) 子どもの問いを生かし，問題を発展させることができる

　13gまでの重さが量りとれることがわかると，子どもたちは14gより重い重さも何とか量れないものかと考え，「4つのおもりを使いたい」と言い出すだろう。

　それでは，4つ目のおもりを何gにすると，量りとれる重さの範囲が最も広がるだろうか。

　もう一度，3つのおもりの重さを確かめてみよう。1g→3g→9gと，1から順々に3をかけた数になっていることに気づくのではないだろうか。そこで，4つ目のおもりは27gになるのではと考えられる。

　では，4つ目のおもりを27gとして考えてみよう。

$$14g=27g-(1+3+9)g \qquad 15g=27g-(3+9)g$$
$$16g=(27+1)g-(3+9)g \qquad 17g=27g-(1+9)g$$
$$18g=27g-9g \qquad 19g=(27+1)g-9g$$
$$20g=(27+3)g-(1+9)g \qquad 21g=(27+3)g-9g$$
$$22g=(27+3+1)g-9g \qquad 23g=27g-(1+3)g$$
$$24g=27g-3g \qquad 25g=(27+1)g-3g$$
$$26g=27g-1g \qquad 28g=27g+1g$$
$$29g=(27+3)g-1g \qquad 30g=27g+3g$$
$$31g=27g+3g+1g \qquad 32g=(27+9)g-(1+3)g$$
$$33g=(27+9)g-3g \qquad 34g=(27+9+1)g-3g$$
$$35g=(27+9)g-1g \qquad 36g=27g+9g$$
$$37g=27g+9g+1g \qquad 38g=(27+9+3)g-1g$$
$$39g=27g+9g+3g \qquad 40g=27g+9g+3g+1g$$

　このように，40gまでを連続して量ることができるようになる。もちろん，3年生の子どもに，「帰納→類推→検証」という考え方を要求するのは難しいが，天秤を実際に使って自由に活動を楽しませることはできる。子どもの思いや「問い」を生かし，楽しい活動を演出できることも，この教材のおもしろさである。

2 展開例

授業前に天秤と1g，3g，9gのおもりを班に1つずつ用意する。使い方についても事前に指導しておく。おもりがない場合は，ねんどなどで代用してもよい。

(1) 問題把握

T　1gと3gのおもりが1つずつあります。この2つのおもりを使うと何gの重さが量りとれますか。

C　1gと3gは量れます。

C　2つのおもりを合わせれば4gも量れます。

T　ほかには，量りとることができる重さはありますか。

C　2gも量れると思います。

（提示用の天秤とおもりを使って，前で操作させる）

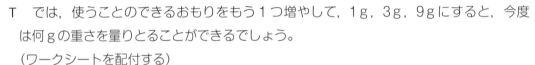

C　本当だ。両方におもりをのせれば2gも量れます。

T　では，使うことのできるおもりをもう1つ増やして，1g，3g，9gにすると，今度は何gの重さを量りとることができるでしょう。

（ワークシートを配付する）

(2) 個人・グループ解決

C　（片側におもりをのせる量り方しか気づけない）

C　（両方に1つずつのせて，その重さの差を使って量るアイデアも活用できる）

C　（一方に2つのおもりをのせたその合計と，もう一方にのせた1つのおもりの重さの差で量るアイデアも活用する）

【主体的な学び】

1g，3g，9gとその組み合わせでできる4g，10g，12g，13gより先に考えが進まない子どもには，もう一度1gと3gで2gが量れることを天秤を使って確かめさせ，1gと9gのおもりでは何gが量れるかを考えさせる。

また，天秤の両側におもりをのせるアイデアを使っていながら，1g～13gまで網羅できていない子どもには，量れる重さを表に整理させ，落ちがないかを調べようとする主体的な学びにつなげる。

(3) 発表，話し合い

T　まず，量れることがはじめからわかっている重さを発表しましょう。

C　1g，2g，3g，9gです。
C　4g，10g，12g，13gも量れます。
T　（発表に合わせて板書する）もうありませんか。
C　2gの量り方と同じようにすれば，3gと9gで6gも量れます。
C　同じように1gと9gで8gも量れます。
T　2gを量るのと同じ方法で，6gと8gが量れますね。もうこれだけですか。
　（1　2　3　4　○　6　○　8　9　10　○　12　13と板書し，確かめられていない重さがわかるようにする）
C　5gも量れます。
T　どうやって量ればいいのでしょう。

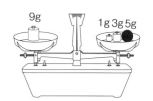

C　片方に1gと3gをのせて，もう片方に9gをのせればその差が5gになります。
C　同じようにすれば，7gも，11gも量れます。
（実際に天秤で確かめ，黒板に書き込む）

―【対話的な学び】―――――――――――――――――――――――――
　学級や隣どうしで，具体物を使いながら考える活動を通して，量りとれる重さが限られてしまう「片側だけにおもりをのせる量り方」から，「両側におもりをのせる量り方」を見いだし，いわゆる逆思考からの解決方法へとたどりつけるようにする。

(4) まとめ，発展

T　3つのおもりののせ方を工夫すれば，1gから13gまでの重さを全部量れることがわかりましたね。ところで，1g，3g，9gという3つのおもりの重さには，何か関係はありますか。
C　3倍になっていると思います。
T　それでは，もう1つおもりを加えて，1gから連続して何gまで量れるかに挑戦するとします。加えるおもりの重さは何gのものにすればいいでしょう。
C　おもり3個のときは1g，3g，9gで，3倍になっていたから，今度は9gの3倍で27gかもしれません。
T　試しに27gで調べてみましょう。

―【深い学び】―――――――――――――――――――――――――――
　おもりを4つにすると，量りとることができる範囲が広がること，その際，何gの重さにすれば，何gまで量りとれるのかを，これまでの活動と使用していたおもりの重さから考えるような，「帰納→類推→検証」という深い学びの過程につなげていきたい。

学 習 指 導 案

学 習 活 動	指導上の留意点（○）と評価（◇）
1. 問題把握 T　1gと3gのおもりがあります。この2つを使うと何gが量りとれますか。 C　1gと3gは量れます。 C　おもりを2つ合わせて4gも量れます。 C　両方にのせてよければ2gも量れます。 おもりを1g，3g，9gの3つにすると，何gの重さをはかることができますか。 **2. 個人・グループ解決** C　（片側におもりをのせる量り方のみ） C　（両方に1つずつのせて，その重さの差を使って量るアイデアも活用できる） C　（一方に2つのおもりをのせたその合計と，もう一方にのせた1つのおもりの重さの差で量るアイデアも活用する） **3. 発表，話し合い** T　量りとれる重さを発表しましょう。 C　1g，2g，3g，9gです。 C　4g，10g，12g，13gも量れます。 C　2gの量り方と同じようにすれば3gと9gで6gも量れます。 C　1gと9gで8gも量れます。 C　5gも量れます。 T　どうやって量りましたか。 C　片方に1gと3gをのせて，もう片方に9gをのせればその差が5gになります。 C　7gも，11gも量れます。 **4. まとめ，発展** T　1g，3g，9gという3つのおもりの重さには，何か関係はありますか。 C　3倍になっていると思います。 T　それでは，もう1つおもりを加えて，1gから連続して何gまで量れるかに挑戦するとします。加えるおもりの重さは何gにすればいいでしょう。 C　1g，3g，9gと3倍になっていたので，9gの3倍で27gだと思います。 T　試しに27gで調べてみましょう。	○教卓の上に天秤と1g，3gのおもりをのせ，子どもたちに見せる。 ○天秤で実演し，確かめる。 ○教卓にある天秤で実演させ，共通理解させる。 ◇両方にのせての量り方が理解できたか。 ○班ごとに天秤，1g，3g，9gのおもりを配付する。 ○ワークシートを配付する。 ○できるかぎり，いろいろな重さを量りとれるように班で協力し合って考えるよう助言する。 ◇班で協力し合いながら考え合うことができたか。 ◇両方におもりをのせ，その重さの差を活用するという考え方ができたか。 　　　　　　　　　　　**＜主体的な学び＞** ○発表された量りとれる重さを板書する。 ○確かに量りとれるかを，実際に確かめさせる。 ◇友だちが発表する量りとれる重さを聞いて，どのように量りとったかを考えることができたか。　　　**＜対話的な学び＞** ○時間がなければ，家で考えてくる問題とする。 ◇自分なりに工夫して問題を発展させることができたか。 ◇1g，3g，9gから関係を見つけることができたか。　　　　**＜深い学び＞** ○班で考え合わせる。時間がなければ家で考えてくることとする。

月　日　時間目　　　　　　　　　　3年　　組　　番　名前

1g、3g、9gの3つのおもりを使って、いろいろな重さをはかります。
何gの重さをはかることができますか。
ただし、1しゅるいの重さをはかるときに、それぞれのおもりは1つずつしか使えません。

1g 3g 9g

□ g

□ g

□ g

□ g

□ g

□ g

□ g

□ g

□ g

□ g

□ g

□ g

〈気づいたことを書きましょう〉

[1g、3g、9gのおもりにもう1つくわえるおもりの重さと、はかれる重さについて考えてみましょう]

1年　2年　3年

121

3年

6.「魔方陣をつくろう」

| 実施時期 | 「小数」「分数」のまとめ |

| 問題 | □に数をあてはめて，たて・横（よこ）・ななめにたしたときの答えがいつでも同じ数になるようにしましょう。 |

めあて

| 主体的な学び | 魔方陣にあてはまる数を，試行錯誤しながら自ら調べることができる。 |

| 対話的な学び | 完成した魔方陣の数の並び方を見て，隣どうしや学級全体での話し合いを通して，きまりを見つけることができる。 |

| 深い学び | 魔方陣のマスの数を増やしたり，数の範囲を2桁の数や小数，分数に広げたりして，発展的に取り組むことや，空欄を埋めるような問題づくりを行うことで，筋道立てて考えることができる。 |

1 教材について

(1) 魔方陣からきまりを見つけるおもしろさを味わえる

魔方陣は，空いているマスの1つ1つに数をあてはめ，たて・横・ななめの数の和を同じにするものである。たとえば，3×3のマスに1～9の数をあてはめる場合は，〈例1〉のようになり，たて・横・ななめの和は15となる。

一見，簡単なパズルのようにも見えるが，魔方陣からは多くのきまりを見つけることが可能である。〈例1〉の場合，たて・横・ななめの数の和は，あてはめる数の総和（1～9の和で45）を，1列のマスの数（3）で割った数（45÷3で15）となる。魔方陣の中心にくる数は，あてはめる数の総和（1～9の和で45）を，マスの総数（3×3で9）で割った数（45÷9で5）となり，あてはめる数の中央値（5）となる。あてはめる数の最小値（1）と最大値（9）は，中心の数の上下または左右の位置にくる。

これらのきまりは，〈例2〉のように1～9の数でなくともあては

〈例1〉

4	9	2
3	5	7
8	1	6

〈例2〉

4	11	3
5	6	7
9	1	8

まるところが，魔方陣のもつおもしろさである。

(2) あてはめる数を，2桁の数や小数，分数に広げて考えることができる

　魔方陣を発展させるには，2つの方向がある。1つは，〈例3〉のようにマスの数を5×5，7×7と増やしていく方向である。5×5の魔方陣に，1～25の数をあてはめることは，何とかできる子どももいるであろうが，これ以上になると，計算の煩雑さもあり，魔方陣の楽しさを味わえなくなることも考えられる。

　そこで，もう1つの方向が，あてはめる数を2桁の数や，小数，分数に広げて考えることである。その際，1～9の場合の魔方陣をもとにして作成することが有効である。たとえば，〈例4〉のように10倍して10～90にする方法がある。ただし，これだけでは，もとの数の末尾に0を付ければよいとだけ考えてしまう子どもが多いと思われる。そこで，+10として考え，11～19であるとか，+5で6～14なども考えられる。もっと複雑に×2−1とすると，〈例5〉のような魔方陣になり，多様な魔方陣を作成することができる。

　また，魔方陣のすべてのマスを考えさせるのではなく，魔方陣の空いている箇所を埋めさせるような問題づくりも可能である。たとえば，〈例6〉のような場合は，どのように考えるだろうか。4+9+カ=6+ウ+カから，4+9が6+ウと等しいことがわかり，ウは7となる。次は，ウがわかったことをもとに，4+7+エ=6+イ+エから，4+7が6+イと等しいことがわかり，イは5となる。イがわかったことをもとに，横の和が5+7+9=21から，ほかの空いている箇所についても，順々に求めることができる。このように，魔方陣は，筋道立てて考える力を養うこともできる。

　さらに，〈例7〉や〈例8〉のように数の範囲を小数や分数にも広げることが可能なため，学年を超え子どもたちの実態に応じた学習を行うことができるのも，この教材のよさである。

〈例3〉

11	24	7	20	3
4	12	25	8	16
17	5	13	21	9
10	18	1	14	22
23	6	19	2	15

〈例4〉

40	90	20
30	50	70
80	10	60

〈例5〉

7	17	3
5	9	13
15	1	11

〈例6〉

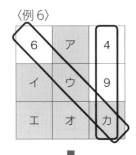

〈例7〉

0.8	1.8	0.4
0.6	1.0	1.4
1.6	0.2	1.2

〈例8〉

2 展開例

(1) 問題把握

T （黒板に魔方陣を提示する）
□に数をあてはめて，たて・横・ななめにたしたときの答えがいつでも同じ数になるように並べたものを魔方陣といいます。たとえば，1＋3＋8と2＋4＋6は，使っている数は違いますが，どちらも答えは同じで12になります。

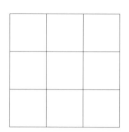

C　どんな数を使ってもいいのですか。
T　いろいろな数ができそうですが，まずは1〜9の数だけを1回ずつ使って考えてみましょう。（ワークシートを配付する）

(2) 個人解決

C1　（適当に数をあてはめて考える）
C2　（大きい数と小さい数をペアにして考える）
C3　（中心にくる数に1〜9の真ん中の5を置き，組み合わせを考える）
C4　（1〜9の総和を3で割り，3つの数の和を考える）

──【主体的な学び】──
　3つの数の和が同じこと，そのときの組み合わせが多様であることを確認させ，魔方陣の仕組みを理解させるとともに，その楽しさや不思議さを感じることができるようにすることが大切である。魔方陣をつくっていくうちに，「大きい数と小さい数をペアにして考える」「中心にくる数に5を置く」「1〜9の総和を3で割る」などのアイデアをもち，「調べてみたい」という主体的な学びにつながっていく。

(3) 発表，話し合い

T　どのような魔方陣ができましたか。
C

4	9	2
3	5	7
8	1	6

8	3	4
1	5	9
6	7	2

T　数の並び方を見て，気がつくことはありますか。
C　周りの数の並び方は少し違うものもありますが，中心の数は5になります。

C　中心の数を除くと，2つの数の組み合わせは，どれもたすと10になります。

C　3つの数の中心の数は，残りの2つの数のちょうど真ん中の数になります。

C　中心の数は，すべての数をたした45をマスの数の9で割った数になります。

　（それぞれ，全体で確かめる）

T　たくさんのきまりを見つけることができましたね。

┌─【対話的な学び】────────────────────────┐

　きまりを見つける際には，ペアなどの少人数で考え合う活動を取り入れる。ここでは，9個の数の並びから，できるだけ多くのきまりを見つけることをねらいとする。

　見つけたきまりは，1つ1つ確認をするとともに，「そのきまりは1〜9の場合だけなのか，ほかの場合についても調べてみたい」という主体的な学びにもつなげることが大切である。

└────────────────────────────────┘

(4) まとめ，発展

〈C6〉

13	8	9
6	10	14
11	12	7

T　1〜9以外の数でも魔方陣をつくれるのでしょうか。また，見つけたきまりは，ほかの数でもいえるでしょうか。

C5　（適当に数をあてはめてつくる）

C6　（1〜9にたし算してつくる。[例：＋5]）

・13＋10＋7＝8＋10＋12＝6＋10＋14＝30（3つの和）

・(6＋7＋8＋9＋10＋11＋12＋13＋14)÷9＝10

〈C7〉

16	6	8
2	10	18
12	14	4

C7　（1〜9にかけ算してつくる。[例：×2]）

・16＋10＋4＝6＋10＋14＝2＋10＋18＝30（3つの和）

・(2＋4＋6＋8＋10＋12＋14＋16＋18)÷9＝10

T　つくった魔方陣について，いくつかの場所を空欄にして問題をつくってみましょう。

・4＋9＋カ＝6＋ウ＋カ　4＋9＝6＋ウ　ウ＝7

・4＋7＋エ＝6＋イ＋エ　4＋7＝6＋イ　イ＝5

・横の和は5＋7＋9＝21

・ほかの空欄は，和が21を活用して求める。

（時間が足りない場合は，家庭学習として取り組み，後日算数問題コーナーのような形で掲示する）

6	ア	4
イ	ウ	9
エ	オ	カ

┌─【深い学び】────────────────────────┐

　あてはめた1〜9の数に任意の数をたしたり，かけたりして魔方陣を完成させるなかで，計算のきまりを活用して和を等しくする仕方を考えたり，問題づくりに取り組むなかで筋道立てて答えを考えたりする力を育成する深い学びが実現できる。

└────────────────────────────────┘

学 習 指 導 案

学　習　活　動	指導上の留意点（○）と評価（◇）
1.　問題把握 T　□に数をあてはめて，たて・横・ななめの和がいつでも同じ数になるようにしましょう。 C　どんな数でもいいのですか。 T　まずは，1〜9の数を使いましょう。	○1＋3＋8と2＋4＋6を比べ，魔方陣のイメージをもたせる。 ○まずは1〜9と限定し考えさせる。 ○ワークシートを配付する。
2.　個人解決 C1（適当に数をあてはめて考える） C2（大きい数と小さい数をペアにして考える） C3（中心にくる数に1〜9の真ん中の5を置き，組み合わせを考える） C4（1〜9の総和を3で割り，3つの数の和を考える）	◇魔方陣づくりを楽しみ，進んで数をあてはめようとすることができたか。 　　　　　　　　　　**＜主体的な学び＞**
3.　発表，話し合い T　数の並び方を見て，気がつくことはありますか。 C　周りの数の並び方は少し違うものもあるけれど，中心の数は5になる。 C　中心の数を除くと，2つの数の組み合わせは，どれも和が10になる。 C　3つの数の中心の数は，残りの2つの数のちょうど真ん中の数になる。 C　中心の数は，すべての数の和をマスの数の9で割った数になる。 T　たくさんのきまりを見つけることができましたね。	○隣どうしや学級全体で話し合わせる。 ◇魔方陣の数の並び方に着目し，隣どうしや学級全体で，きまりを見つけることができたか。　　　**＜対話的な学び＞**
4.　まとめ，発展 T　1〜9以外の数でも魔方陣をつくれるのでしょうか。また，見つけたきまりは，ほかの数でもいえるでしょうか。 C5（適当に数をあてはめてつくる） C6（1〜9にたし算してつくる） C7（1〜9にかけ算してつくる） T　つくった魔方陣について，いくつかの場所を空欄にして問題をつくってみましょう。	○ほかの数でも魔方陣がつくれるか，きまりが成り立つのかなどを調べてみたいという意欲をもたせる。 ◇計算のきまりをとらえ直し，きまりを活用して魔方陣の仕組みについて考えることができたか。　　　**＜深い学び＞** ○問題づくりに取り組む。（時間が足りない場合は，家庭学習とする）　**＜深い学び＞**

月　日　時間目

3年　組　番　名前

□に数をあてはめて、たて・横・ななめにたしたときの答えが いつでも同じ数になるようにしましょう。

〈気づいたこと、わかったことを書きましょう〉

[1～9の数を使いましょう]

[いろいろな数を使いましょう]

【著者】

滝井 章（たきい あきら）

都留文科大学教養学部学校教育学科特任教授

文部科学省『小学校学習指導要領解説　算数編』作成協力者
おもな著書に，『クラスを育てる算数授業』，『算数の力を育てる
授業』（編著）（共に東洋館出版社），『算数的活動満載　考える力
をのばすオープンエンドの算数授業』（日本標準），『豊かな学力
を育てる教材・教具の開発と活用術』（明治図書）などがある。

○オープンエンドの問題の作成に関して，以前に下記の先生方に
　アイデアをいただきました。

薄井　康裕（うすい　やすひろ）東京都世田谷区立千歳台小学校校長
清水　壽典（しみず　としのり）神奈川県平塚市立城島小学校教諭
渡辺　秀貴（わたなべ　ひでき）創価大学教職大学院准教授

（所属は 2018 年 7 月現在）

深い学びで思考力をのばす
算数授業 18 選　1〜3 年

2018 年 8 月 20 日　初版第 1 刷発行

著　者　滝井　章
発行者　伊藤　潔
発行所　株式会社 日本標準
〒 167-0052　東京都杉並区南荻窪 3-31-18
ＴＥＬ　03-3334-2630（編集）　　03-3334-2620（営業）
ＵＲＬ　http://www.nipponhyojun.co.jp/
印刷・製本　株式会社 リーブルテック

©Akira Takii 2018 Printed in Japan
ISBN 978-4-8208-0642-4

○乱丁・落丁の場合はお取り替えいたします。
○定価はカバーに表示してあります。